超越「二」的智慧

——《金剛經》探微

禪門溈仰宗第十代傳人

濟群法師

——著——

目錄

緣起

《金剛經》到底說了些什麼？

為什麼千百年來，人們對它奉若圭臬，推崇備至？

在一萬多卷漢傳佛經中，《金剛經》是國人最耳熟能詳的經典之一。即使不是佛教徒，即使從未讀過佛經，也往往由於這樣那樣的因緣聽過這個經名，或聽過其中某個偈頌、某句經文。其普及程度，唯有同屬般若系經典的《心經》可相提並論。

那麼，《金剛經》到底說了些什麼？為什麼千百年來，人們對它奉若圭臬，推崇備至？自《金剛經》傳入漢地以來，從古德對它的注疏、論釋，到今人對它的解讀、研究，可謂精采紛呈。所以，這次我們將從另一個角度契入，不是按經文依次解讀，而是圍繞經中關注的二十個問題，開顯本經蘊含的修行原理。

誦過《金剛經》的學人應該有這個印象——經中的重複之處較多。尤其是初接觸者，難免心生疑惑：佛陀為什麼要用這種方式說法？其實，這種重複並不是完全雷同，而是關注了相似的問題，但在解說上有所側重，從不同角度進行闡發。如果把握不住重點，我們就可能在修學本經時，既有似曾相識之感，又有不甚了了之惑。

基於此，我們特別把相似的問題編輯在一起，加以對比和說明。比如《金剛經》多處說到怎樣看待佛身——可以三十二相見如來嗎？也多處論及怎樣理解說法——如來究竟有沒有說法？通過這些對照，便於我們更好地瞭解並掌握本經主要思想，進而在佛陀的引導下，以般若智慧認識這些問題。

緒論、從《般若經》在佛教的地位說起

以緣起性空的正見為基礎，
是深入其他大乘經論的基礎。

《金剛經》屬於般若系經典，所以在正式講述本經之前，先給大家介紹一下《般若經》在佛教中的地位。

1．從大乘三系看

近代的太虛法師和印順法師把大乘佛教歸納為三系。

一是性空唯名系，認為一切法的存在都是因緣和合的，不過是假名安立而已，其本質都是空性。闡述這一思想的經論，主要是般若系經典，以及依《般若經》所造的論典。如龍樹菩薩所造的《大智度論》、《中論》、《十二門論》，提婆菩薩所造的《百論》等。

二是虛妄唯識系，側重從妄識探討人的心理現象，通過對八識五十一心所的解析，說明我們所認識的世界都是心識的作用和顯現。換言之，我們所認識的世界，沒有離開我們的認識。主要經論有《解深密經》，及彌勒菩薩所造的《瑜伽師地論》、世親菩薩所造的《唯識三十論》等。

三是真常唯心系，與虛妄唯識系相反，主要立足於真心探討修行原理，認為眾生本自具足圓滿無缺的佛性，又稱如來藏，這是覺悟成佛的潛質。主要經典有《涅槃經》、《楞嚴經》、《勝鬘經》等。

在三系中，《般若經》屬於性空唯名系。

此外，也有將大乘佛教分為兩系的觀點。如義淨三藏在《南海寄歸傳》中說：「所言大乘，一者瑜伽，二者中觀。」如果歸納為兩系，那麼《金剛經》是屬於中觀的典籍。

2．從漢傳佛教的判教看

佛教傳入中國後，東晉慧遠法師在廬山與道友共結蓮社，同修淨業，被後人尊為淨土宗初祖，這也是漢傳佛教最早的宗派。隨著經典的不斷翻譯和傳播，至隋唐逐漸形成天台、三論、華嚴、唯識、禪、密、律、淨八宗。其中，有幾個宗派和《般若經》關係密切。

如吉藏法師創立的三論宗，就是以《般若經》為最高典籍，依《中論》、《百論》、《十二門論》建宗立派。

此外，天台宗將佛陀的一代時教判攝為藏、通、別、圓。其中以《般若經》為通教，通前通後，通化三機。所謂通前，是指它能接引二乘人進入大乘；通後，則是作為深入其他大乘經論的基礎。比如學修《法華經》、《華嚴經》、《涅槃經》等，如果沒有以緣起性空的正見為基礎，就容易於如來藏的思想產生常見。

禪宗最初傳入時，達摩祖師以四卷《楞伽》印心。到了四祖道信，宣導弟子們誦念「摩訶般若波羅蜜」，五祖弘忍則直接讓弟子們修學《金剛經》。至六祖慧能，和《金剛經》更是因緣深厚，不可思議。最初，六祖就是因為聽人誦念《金剛經》而發心修行，其後又因聽聞五祖解說《金剛經》，至「應無所住而生其心」開悟。整個《六祖壇經》，就是建立在《金剛經》的基礎上，為學人指明了最為快捷的頓悟路徑。

3．從藏傳佛教看

在藏傳佛教中，格魯派特別推崇《般若經》，以中觀見為最高、最究竟了義的見地。至今，很多藏族家庭依然有供奉《般若經》的傳統，其地位可見一斑。

而寧瑪派認為，佛陀說法有三轉法輪。初轉法輪側重說有，如四諦、十二因緣、五蘊、十二處、十八界；二轉法輪側重說空，說一切法是無自性空的，即般若法門；三轉法輪又是說有，說一切眾生有如來藏。所以他們稱般若為中觀，依如來藏建立的大圓滿則是大中觀。大中觀要建立在中觀基礎上，以《般若經》的空性正見為基礎。這個觀點類似天台的判教，也是以般若為通教。

由此可見，不論在印度佛教、漢傳佛教還是藏傳佛教中，《般若經》都有舉足輕重的地位。

一、般若經典概說

般若經典的翻譯，幾乎貫穿了整個佛經翻譯史。

《金剛經》和《心經》一樣，堪稱六百卷《般若經》的精髓。

在漢傳佛教中，般若系經典是分量最大且品類最多的，如《心經》、《金剛經》、《摩訶般若》、《放光般若》等。而對《般若經》的翻譯，幾乎貫穿了整個佛經翻譯史。

佛經最初在東漢被翻譯到中國，至西元一七九年就已翻譯《道行般若經》。此經傳入不久，正值中國文化史上玄學盛行之際。玄學思想的主體是老莊，崇尚虛無。而般若法門的重點也是談空說無，所以當時的文人士大夫們對般若思想產生了濃厚興趣。很多高僧大德為方便接引他們信仰佛教，紛紛致力於般若經典的研究。

如果對般若系經典做一個簡單歸納，可根據其體量分為小品、中品、上品三類。

小品體量較小，約十卷左右。如支婁迦讖翻譯的《道行般若經》，鳩摩羅什翻譯的《小品般若經》等，都是傳入中國最早的般若經典。

中品體量較大，約三十卷左右。如朱士行翻譯的《放光般若經》，鳩摩羅什翻譯的《摩訶般若波羅蜜經》等。後者是般若系經典中較為重要的一部，龍樹菩薩所造的《大智度論》就是對此經的注解。

上品體量最大，即玄奘三藏翻譯的《大般若經》第一會，四百卷。可以說，這也是般若經典翻譯的巔峰。

《大般若經》的梵本共二十萬頌，分十六會，囊括了幾乎所有的舊譯般若經典。換言之，其他般若系經典都是由《大般若經》的不同部分獨立成篇。如《摩訶般若經》相當於《大般若經》的第三分；《道行般若》相當於《大般若經》的第四、第五分；《文殊般若》相當於

《大般若經》的第七分「曼殊師利分」；《金剛般若波羅蜜經》相當於《大般若經》的第九分「能斷金剛分」；《理趣般若》相當於《大般若經》的第十分「般若理趣分」。玄奘三藏對這些部分都作了重譯，而第一會的四百卷，及第十一會到十六會的「六度分」則是新譯的，為舊譯般若經典所無。

般若經典不僅分量如此之巨，且分別在王舍城靈鷲山、給孤獨園、他化自在天王宮、王舍城竹林精舍四處宣說。天台宗謂之為「二十二年般若說」，也就是在佛陀四十五年說法過程中，用了近一半時間宣說般若經典，可見其對於修學佛法的重要性。

在這些經典中，內容最精煉的當屬《心經》，僅兩百餘字，和《金剛經》一樣，在漢傳地區廣泛流傳，堪稱六百卷《般若經》的精髓。

二、《金剛經》的翻譯與弘揚

般若智慧像金剛，堅固有力，戰無不勝，摧毀眾生的無明煩惱。無明煩惱也像金剛一樣堅固，唯有般若智慧才能將之摧毀。

1.《金剛經》在中國的翻譯

《金剛經》共有六個漢譯本。其中，姚秦鳩摩羅什於弘始四年（西元四〇二年）、元魏菩提留支於永平二年（西元五〇九年）、陳真諦於天嘉三年（西元五六二年）的譯本，都名為《金剛般若波羅蜜經》，各一卷。此外，還有隋達摩笈多於開皇十年（西元五九〇年）翻譯的《金剛能斷般若波羅蜜經》一卷。唐玄奘三藏於貞觀二十二年（西元六四八年）翻譯的《能斷金剛般若波羅蜜多經》一卷，編入《大般若經》五七七卷，即第九「能斷金剛分」。唐義淨三藏於長安三年（西元七〇三年）翻譯的《能斷金剛般若波羅蜜多經》一卷。

在這些譯本中，鳩摩羅什的譯本是中觀系統所傳。而其他五個譯本都屬於瑜伽系統所傳，經文內容與無著和世親菩薩所造的《金剛經論釋》有關，是從論中抽取出來成篇的。

羅什三藏所譯的《金剛經》，全稱為《金剛般若波羅蜜經》，而在達摩笈多、玄奘三藏和義淨三藏的譯本中，增加了「能斷」二字，內涵也有所不同。在羅什三藏的譯本中，金剛是代表般若智慧，說明般若智慧像金剛一樣，堅固有力，戰無不勝，能摧毀眾生的無明煩惱。而在玄奘譯本中，金剛是比喻眾生無始以來的煩惱執著。這些煩惱就像金剛一樣堅固，唯有般若智慧才能將之摧毀；修行就是要通過開啟智慧，摧毀眾生內在的我法二執，及由此產生的種種煩惱。

除漢譯外，《金剛經》也有藏譯本。其中，德格版《金剛經》和菩提流支、真諦的譯本相近，北京版《金剛經》與達摩笈多，尤其是玄奘譯本相近。

此外，《金剛經》還存有梵本。二十世紀初，斯坦因曾在敦煌千佛洞發現於闐譯本，是極為珍貴的史料。

在漢傳佛教地區，流傳最為廣泛的是羅什譯本。不僅依此修學者最多，歷代祖師的注釋也集中於此。對唯識有興趣的學人，將來在研究《金剛經》的過程中，也可參考玄奘譯本加以對照，或許會有不同收穫。

2．《金剛經》的弘揚

《金剛經》的弘揚和普及程度，主要體現在注釋多、誦者多、抄本多幾方面。

【注釋多】

首先，它的注釋很多，很多古德都曾解讀過《金剛經》。被譽為「秦人解空第一」的僧肇撰寫了《金剛般若波羅蜜經注》，三論宗祖師吉藏撰寫了《金剛般若疏》，天台宗祖師智顗撰寫了《金剛般若經疏》，禪宗六祖慧能則有《金剛般若波羅蜜經口訣》。此外，華嚴宗祖師宗密、唯識宗祖師窺基等，都有關於《金剛經》的注疏流傳於世。僅收錄在續藏的部分，就達七、八十種。

近代以來，對《金剛經》的弘揚也不曾中斷。從太虛法師、圓瑛法師、倓虛法師、慈舟法師等近代高僧，到印順長老、南懷瑾先生等當代大德，都曾為《金剛經》作過注解。我在二十多年前也出過《金剛經的現代意義》。

注釋多，可以為修學《金剛經》帶來不同的思考角度。因為《金剛經》雖只有短短五千餘言，但文約義豐。如果沒有引導，很難體會其間深意。

【誦者多】

其次，它的讀誦者很多。我們在《六祖壇經》可以看到，當年，賣柴少年慧能正是因為偶然聽人讀誦《金剛經》，「一聞經語，心即開悟」，才有了前往黃梅參學的因緣。而在歷代各種「感應錄」中，因為讀誦《金剛經》而心開意解或蒙佛加被的記載，更是不勝枚舉。時至今日，仍有很多四眾弟子將讀誦本經作為日常定課，日日誦，年年誦。

【抄本多】

《金剛經》不僅在教界廣泛流傳，在文化界也有著重要影響。歷代文人多愛其文字優美而爭相傳誦，書法家更留下大量傳世墨寶，其中不少已成為珍貴的文化遺產。如泰山經石峪的《金剛經》，鐫刻於一千四百多年前的北齊，字徑約半米，是現存摩崖石刻中規模空前的巨製，被尊為「大字鼻祖」、「榜書之宗」。

此外，柳公權、趙孟頫、董其昌、文徵明等書法名家，及近代的弘一法師、林則徐等，都曾抄寫過《金剛經》，充分說明了《金剛經》的流傳之廣、影響之大。

【本經廣受歡迎的原因】

為什麼《金剛經》有這麼大的信仰「市場」？我覺得，主要有這樣幾方面的原因。

第一，譯文簡明曉暢，讀來琅琅上口。這正是羅什譯文的風格。鳩摩羅什為中國四大佛經翻譯家之一，當年他在長安譯經時，協助譯經者達三千之多，其中不乏僧肇、道生、僧睿等一流高僧。其譯文特點是意譯而不是直譯，更符合漢語的表達方式。所以羅什所譯的《維摩經》、《法華經》、《金剛經》、《大智度論》等經論，不僅義理準確，且文字引人入勝，有著特殊的感化力量。除了可以作為佛經讀誦，還可以作為文學作品欣賞。

第二，《金剛經》蘊含著高深的佛理，令人百讀不厭，回味無窮。本經以佛陀十大弟子中「解空第一」的須菩提為當機者，直接闡述空性。這是佛法修行的核心。如果以凡夫的思惟方式來思惟，不論多麼聰明，也無法透徹其中奧妙。所以，佛陀以極富思辨性的開示，通過「所謂、即非、是名」的公式，善巧地為眾生指明了方向。經中每說到一個問題，比如怎樣修習佈施、怎樣度化眾生、怎樣莊嚴國土等，都讓我們以這個公式去看待，為契入空性禪修奠定基礎。

第三，經中蘊含的無相、無我、無所得的思想，能幫助我們放下執著，身心自在。世人總是以自我為中心，處處住相，事事執著，所以活得很累。時常思惟一下本經義理，如「一切有為法，如夢幻泡影，如露亦如電，應作如是觀」等，不管能理解多少，都會有所啟發。

第四，《金剛經》可以引導我們開啟智慧，見性成佛。佛陀在本經的所有開示，如佛身無相、佛果無所得等，都是立足於空性所說的。如果在世俗諦上，有佛果可得，也有眾生可度。而本經直接告訴我們，這一切都是了不可得的，從而掃除我法二執，是佛陀特別為上根利智者所說。

第五，受持《金剛經》能成就無量功德，這也很有誘惑力。對多數人來說，證悟空性遙不可及，他們更關心讀經後有什麼利益。佛陀針對凡夫的這一心理，在講空、無相、無所得的同時，反覆告訴我們讀誦《金剛經》的功德，可謂「先以欲勾牽，後令入佛智」。

第六，禪宗對《金剛經》的重視和提倡，對弘揚本經起到了極大的推動作用。漢傳佛教雖然有八大宗派，但到宋元之後，禪宗基本占了半壁江山。在這一背景下，禪宗的重視自然是一股不容忽視的力量。

第七，宋代的度僧考試中有《金剛經》的科目，相當於現在的教科書，是出家人的必讀經典。

因為以上這些因素，《金剛經》得以廣泛弘揚。

三、《金剛經》的經題與宗旨

般若像虛空一樣無形無相、無邊無際，還有「明」的特點。以明晰的觀照力，了了分明，般若智慧是「空明不二」的。

1．釋般若

【般若何義】

每部經都有經題，對瞭解全經內容具有畫龍點睛的作用。比如《佛說阿彌陀經》是介紹阿彌陀佛和他所成就的西方淨土；《地藏菩薩本願經》是介紹地藏菩薩在因地發願的經過；《藥師琉璃光如來本願功德經》是介紹藥師如來在因地所發的十二大願和成就的淨土；《維摩詰所說經》是介紹維摩詰居士的見地和修行法門。

我們現在學習的《金剛般若波羅蜜經》，它的宗旨是什麼？或者說，它究竟要解決什麼問題？

金剛，比喻般若智慧堅不可摧，具有斷除煩惱的作用。在《六祖壇經‧般若品》中，詳細介紹了般若智慧的內涵。

首先，般若具有「空」的特徵，像虛空一樣無形無相、無邊無際，但又不同於虛空的空無所有。虛空的空是頑空，什麼都沒有，但般若智慧還有「明」的特點。所以，佛典常以「空明不二」比喻般若智慧。這個明就是明晰的觀照力，了了分明。

其次，般若能出生萬法。山河大地，宇宙萬有，都是般若智慧顯現的，都沒有離開這個空明不二的智慧，即《壇經》所說的「何期自性，能生萬法」。此外，般若還有朗照無住的特點。雖能含攝萬法，但又心無所住，就像鏡子一樣，顯現一切而纖毫不染。

所以，《金剛經》的修行要領就是「應無所住而生其心」，所謂「不住色生心，不住聲香味觸法生心」。

而凡夫心是有所得、有所住的。《壇經》說：「般若智慧世人本自有之，只緣心迷，不能自悟。」般若是我們本來具足的，只是被無明遮蔽，所以才迷失了，不能覺悟。禪宗的修行特點是直指，引導我們直接體認般若，體認生命內在的覺性，所以對根機的要求特別高。而對多數人來說，通過中觀思想建立正見，認識到一切都是因緣所生，是無自性的，由此遣除我法二執，掃蕩煩惱障和所知障，再通過空性禪修來開顯般若智慧，相對更容易契入。

【般若的種類】

說到般若，有文字般若、觀照般若和實相般若之分。

所謂文字般若，是說明我們獲得正見並成就智慧的言教，包括三藏十二部典籍，也包括一切具有正見的佛學書籍和開示等。學佛是以聞思修為常道，首先要從文字般若入手，通過聽聞正法、如理思惟來樹立正見。學習經教的目的，不是為了掌握一些佛法知識，更不是為了增加什麼談資，而是對世界和人生建立正確認識。這就需要不斷地理解、接受、運用。在理解的基礎上接受，在接受的前提下運用，在運用的過程中繼續加深理解。通過這種輪番修習，將從經教得來的認識轉化成自身觀念。但僅僅這樣還不夠，因為文字般若只是工具，還要藉助禪修，才能契入觀照般若。

在每個人內心，乃至每個念頭的背後，都隱藏著一份觀照力。禪修的目的，就是將這種力量開顯出來。一旦具足觀照般若，不僅能如實觀照外在世界，也能對起心動念了了分明。而不是像我們現在這樣，總是在無明中探尋，就像那些摸象的盲人一樣，被自己以為的錯覺欺騙著，蒙蔽著。

如果說文字般若是工具，那麼觀照般若就是手段，而實相般若才是真正的般若之體。所謂實相，即事物的本來面目，是離一切虛妄造作的真實相。

此外，般若還分為實智和權智。實智即般若的體，是通過觀照般若體認到的無漏智慧的本體。權智則是般若之體產生的無量妙用，是瞭解眾生和世界差別的智慧。

【般若的妙用】

那麼，開顯般若智慧究竟有什麼作用？

首先，般若能使我們證悟空性。以我們有漏的妄識，是無法直接體認空性的。但般若智慧和空性並不是兩個東西，而是「體」和「用」的關係。空性代表空的層面，般若智慧代表明的層面，二者是一體的，所謂空明不二。

其次，般若能使我們徹底斷除無明。在無盡輪迴中，眾生因為無明而有我法二執，由此發展出種種煩惱。唯有依靠般若智慧，才能徹底破除無明，瓦解煩惱。

第三，般若能引導萬行，使我們成就無漏功德，圓滿菩提道的修行。六度是大乘佛法的主要修行內容。其中，佈施、持戒、忍辱、精進、禪定前五度都要依般若而成就，所謂「五度如盲，般若如導」。如果沒有般若的引導，前五度只是有漏的人天善法，是不究竟的，不能成為無上佛果之因。唯有在般若引導下，才能將這些善法導向無漏的菩提資糧。

第四，般若具有朗照無住的作用。唯有在般若智慧的觀照下，我們才能真正做到「應無所住而生其心」。否則的話，既照不分明，也做不到無住。

2．釋波羅蜜

波羅蜜是梵語音譯，意為究竟，到彼岸，或最簡單的一個字——「度」。那什麼是彼岸？又怎麼度？其實，佛教所說的此岸和彼岸，並不是方位、時空上的變化，而是內心的轉變。一旦體認般若，就能破迷開悟，從煩惱此岸到達覺悟彼岸，從生死此岸到達涅槃彼岸。

四、《金剛經》的科判

般若道的修行引導我們開顯般若智慧，
方便道的修行從空出有、從體起用。

科判就是目錄。現在通行的《金剛經》共三十二分，這個科判並不是經文本身的內容，而是梁武帝長子昭明太子為便於人們修學所作的劃分。經常有人問，誦經時要念這些標題嗎？其實念不念都可以，看各自習慣。

在印順法師的《般若經講記》中，則把《金剛經》分為二道五菩提。二道，即般若道和方便道。本經開篇，須菩提向佛陀提出：「善男子，善女人，發阿耨多羅三藐三菩提心者，應云何住，云何降伏其心？」到十七分，須菩提再次提出這個問題。就文字來看，兩次提問幾乎沒有區別，但內涵是不同的。印老（印順長老）便據此作了劃分。首次提問至十六分屬於般若道的修行，主要引導我們開顯般若智慧。十七分之後屬於方便道的修行，從空出有，從體起用。

除二道外，印老還將全經內容分為五菩提，涵蓋了發菩提心到成就無上菩提的過程，分別是發心菩提、伏心菩提、明心菩提、出到菩提、究竟菩提。

第一是發心菩提，即「善男子、善女人，發阿耨多羅三藐三菩提心」。這是發起菩提心、走向菩提道的開始。

第二是伏心菩提。在修習菩薩行的過程中，需要降伏內心的二執（我執、法執）和二障（煩惱障、所知障），直至見道。

第三是明心菩提。按印老的區分，前面提出的「善男子、善女人，發阿耨多羅三藐三菩提心」，只是世俗菩提心。到十七分再次提出這個問題時，就進入了勝義菩提心，即建立在空性基礎上的、經過提純的菩提心。

第四是出到菩提，包括見道至成就佛果的整個過程。因為見道只是開啟聖道之始，之後還要不斷修道，圓滿成佛資糧。

第五是究竟菩提，即最終成就的佛果。這是印老對《金剛經》所作的分判。

我在修學《金剛經》的過程中，並沒有看出這樣一個很明確的次第。我覺得，《金剛經》雖然在表現形式上比較鬆散，但這種鬆散是形散神不散。不論講佛果、佛身，還是度眾生、莊嚴國土，目標都是一致的，是從不同角度引導我們體認空性，修菩薩行。

五、《金剛經》的主要思想

《金剛經》的中道智慧，正是引導我們放下偏見。
既不住於有，也不住於空；既不落入常見，也不落入斷見。

《金剛經》的主要思想，是菩提心、菩薩行、無我、無相（無所得）、中道見、無住六方面。以下先簡單介紹一下。

1．菩提心

作為本經當機者的須菩提尊者，兩次圍繞「發菩提心」向佛陀提問：「善男子、善女人，發阿耨多羅三藐三菩提心，應云何住，云何降伏其心？」對於大乘菩薩道的修行來說，發菩提心是必須具備的前提，同時也是成佛的不共因。如果沒有菩提心，即使證悟空性，也只能成就解脫，不能進一步自覺覺他、圓滿佛果。

所以，《金剛經》開篇就提出：發起菩提心之後應該如何修行？

2．菩薩行

菩提心只是利他的願望，之後還要落實到行動，也就是行菩薩行。《金剛經》第四分說到菩薩如何修佈施，第十分講到如何莊嚴國土，十四分講到如何修忍辱波羅蜜，都是有關菩薩行的內容。

《金剛經》和《心經》的不同在於，《心經》是直接講空性，告訴我們五蘊的本質是空性，十二處的本質是空性，十八界的本質是空性，十二緣起的本質還是空性。所謂「無眼耳鼻舌身意，無色聲香味觸法，無眼界乃至無意識界，無無明亦無無明盡，乃至無老死亦無老死盡」，一無到底，直接從法的本身揭示其空性本質。

而《金剛經》是通過行菩薩行，引導我們體認空性。作為菩薩行者，不僅自己要領悟空性，還要廣泛利益眾生。對於常人來說，很容易因為做事引發執著，生起有所得之心，甚至陷入名利及人我是非。所以佛陀反反覆覆地告誡我們，如何在行菩薩行的同時，保持心無所住的狀態，從而圓滿空性的修行。

3．無我

六度中，有不少和世間善法是相通的，如佈施、忍辱等。那麼，菩薩行又具有什麼樣的特點和境界？

作為菩薩，利他時首先不能陷入我執，也就是《金剛經》反覆提及的無我相、人相、眾生相、壽者相。如果陷入四相，哪怕做再多的利他事業，也只是一個善良的人，一個樂於助人的人，並不是佛教所說的菩薩行。

菩薩的利他，是在悲心驅動下的自發行為，是無我的。因為無我，就不會有好惡之心，才能平等利他，毫無分別；因為無我，就不會有任何執著，才能傾其所有，而不是瞻前顧後，患得患失。

4．無相、無所得

菩薩必須具備無我的心行，而從事相上說，則應通達無相、無所得。比如在度眾生的過程中，不能黏著於眾生相，而要認識到其本質是空的、無相的，然後帶著無所得的心去做。對結果更不可執著，不能因為「我為他做了什麼」，就期待對方會怎樣。總之，不可取我相，不可取法相，也不可取非法相。

《心經》出現最多的就是不、空、無。而在《金剛經》中，出現更多的是無相、無所得。兩種表述方式雖然不同，但目標是完全一致的。

5．中道見

當我們說到無相、無所得時，難免會出現偏空的傾向。為了對治這種弊端，《金剛經》在解說每個問題時，都會提出「所謂……即非……是名……」的三句式。一方面告訴我們這些是空的，了不可得，但同時又告訴我們，不要否定因緣假相。說空，是為了破除常見；說因緣假相，是為了破除斷見。眾生很容易陷入邊見，所以龍樹菩薩的《中論》特別告訴我們：「不生亦不滅，不常亦不斷，不一亦不異，不來亦不出。能說是因緣，善滅諸戲論。」引導我們以緣起的眼光看世界，破除常見、斷見、生見、滅見、來去、一異等各種偏見。

當心不再陷入各種偏見和執著，內在智慧就會顯現。正如《壇經》所說：「菩提般若之智，世人本自有之，只緣心迷，不能自悟。」既然本來就有，為什麼不能自悟？就是因為心陷入迷惑，有如重重霧霾，遮天蔽日，讓我們看不見真相。

《金剛經》的中道智慧，正是引導我們放下偏見。既不住於有，也不住於空；既不落入常見，也不落入斷見。

6．無住

無住是般若的作用。只有證悟空性，才能心無所住——不住於空有，不住於美醜，不住於任何境界。

凡夫會住於三界，聲聞會住於涅槃，而菩薩成就了無所得的智慧，才能悲智等持。因為智，故不住三有；因為悲，故不住涅槃。菩薩不是出於個人喜好做事，也不是為了完成任務，更不需要從中獲得成就感，只是出於純粹的慈悲，出於眾生的需要。又因為菩薩明瞭無我、無相、無所得的本質，所以在廣行六度、尋聲救苦的同時，不會陷入任何執著，而是像雁過長空那樣，不留任何痕跡。

六、從穿衣吃飯開始

從日常生活的一幕開始，其中也包含著修行的常道。
修行不只是誦經、拜佛等特定形式，其中最關鍵的在於見地和用心。

《金剛經》的序分，是關於佛陀入城乞食的描述。就像一幅畫卷，將我們帶到兩千五百多年前的舍衛城。在那裡，佛陀正向我們緩緩走來，說法，釋疑……

根據漢傳佛教的傳統，將每部經概括為三部分，分別是序分、正宗分和流通分，類似序論、正論和結論。《金剛經》的序分，包括證信序和發起序兩部分。

1．證信序

證信序，又稱通序，即佛典的通行模式。打開佛經，通常會出現「如是我聞，一時，佛在舍衛國祇樹給孤獨園，與大比丘眾千二百五十人俱」之類的敘述。古德稱之為六種成就，即信成就、聞成就、時成就、主成就、處成就、眾成就，是講述這部經典的因緣、時間、教主、場所、聽眾，以此說明此經的真實性。因為不同經典的宣講地點、聽眾等有所不同，所以，通序雖然模式相同，但內容未必一致。

這裡先簡單介紹一下《金剛經》的通序。

如是我聞：一時，佛在舍衛國祇樹給孤獨園，與大比丘眾千二百五十人俱。（第一　法會因由分）

• 如是我聞

「如是」簡單地說就是「如此」，這裡指《金剛經》。「我聞」的「我」，是指阿難尊者。佛經並不是佛陀撰寫的，而是由他親自宣講後，弟子們口耳相傳地加以傳播。佛陀滅度後，為了讓佛所說的法準確無誤地傳承下來，弟子們舉行了結集大會。由常隨佛陀左右並有「多聞第一」美譽的阿難尊者，將他聽聞的法義背誦出來，經過五百阿羅漢的印證，然後記錄成文，成為流傳於世的經典。「如是我聞」就是以阿難尊者的口氣說：「我是這樣聽說的。」

這樣的開篇並不是阿難尊者決定的，而是佛陀的遺教。《大般涅槃經後分・遺教品》記載，佛陀將入滅時曾囑咐阿難尊者：「如來滅後結集法藏，一切經初當安『如是我聞，一時，佛住某方、某處，與諸四眾而說是經』。」

• 一時

有些經典也稱「爾時」，指那個時候。這一方面是因為印度人不太重視時間概念，另一方面也因為佛法真理超越時間，且適用於任何時空，以此顯示真理的普世性和永恆性。

• 佛

指本師釋迦牟尼佛，也是本經的主講者。

・舍衛國

這是本經的宣講地點。舍衛國，本名拘薩羅，舍衛是都城，此處是以首都代國名。其位置在今印度西北部拉布提河南岸。佛陀在世時，波斯匿王統治此國。據記載，佛陀前後在此居住二十五年，較其他諸國更久。

・祇樹給孤獨園

是佛陀最早的精舍，由祇陀太子和給孤獨長者共同供養。佛典記載，給孤獨長者對佛法生起信心後，希望為佛陀建造精舍，弘傳正法。經多方選擇比較，他看中了祇陀太子的私人園林。祇陀太子並不願意出讓園林，但礙於給孤獨長者的威望，就戲言稱：「除非用黃金鋪地，我才可以把園林賣給你。」想不到給孤獨長者當即應允，命人抬來黃金。祇陀太子被給孤獨長者的誠意所感，也發心共襄盛舉，將園中樹木作為他自己對佛陀的供養。因為這個緣起，所以此園被稱為「祇樹給孤獨園」。佛陀一生中，曾多次在此說法度眾。

・與大比丘眾千二百五十人俱

這是說法的聽眾，也是佛陀的常隨眾，經常跟隨佛陀在恆河兩岸遊行、聞法。除大比丘眾，應該還有沙彌或居士，但因四眾以大比丘為首，故以此為代表。

以上為證信序。所謂證信，就是通過相關資訊說明這部經的可信度。

2．發起序

接著是本經的發起序，也稱別序。

爾時，世尊食時，著衣持鉢，入舍衛大城乞食。於其城中，次第乞已，還至本處。飯食訖，收衣鉢，洗足已，敷座而坐。（第一 法會因由分）

在《大般若經》、《華嚴經》等諸多大乘經典中，佛陀演說大法前，往往會放光動地，示現種種不可思議的瑞相。而《金剛經》的開頭卻異常平實，這也體現了本經直接、樸實的修行特點。

- **爾時，世尊食時**

食時，即到了吃飯的時間。佛世時，出家眾除了被信徒請去應供，平時都是乞食，佛陀也不例外。在南傳佛教地區，至今仍保留這一傳統。每天到了食時，出家眾就到寺外乞食，接受信眾供養並為其祝福。

• 著衣

這裡的衣特指僧伽黎，也稱大衣。比丘有三衣，其中五條衣是雜作衣，七條衣是入眾衣，大衣是在說法、乞食等重要場合穿的。對原始僧團的出家眾來說，乞食是一件莊嚴而隆重的事，屬於重要的修行內容。出家眾通過乞食滋養色身的同時，也給信眾培植福田的機會。所以必須穿上僧伽黎，具足威儀，使未信者生起信心，已信者堅固信心。

• 持缽

缽是出家眾乞食專用的盛器，也是餐具，為比丘必備的六物之一。在原始僧團中，比丘必須具備三衣、缽、濾水囊、坐具六種物品，才能在僧團如法生活。乞食本身就是修行，所以缽不能隨便拎著，而要恭恭敬敬地捧在手中。正因為如此，乞食也稱「托缽」。

• 入舍衛大城乞食

世尊搭衣持缽，進入舍衛城乞食。關於乞食，《法集經》記載了三種意義。一是不貪珍味，美惡均等；二是為破我慢，於富貴貧賤等家皆無揀擇；三是慈悲平等，大作利益。

• 於其城中次第乞已

出家眾乞食是有規範的，不能嫌貧愛富、挑三揀四，要以平等心待之，依次而乞。而且以七家為上限，只要走過七家，哪怕沒乞到任何食物，也不能再繼續了。《薩婆多毗尼毗婆沙》曰：「次第到七家，得食則食，不得亦止。」

• 還至本處

乞食後，將得到的食物托回祇樹給孤獨園。因為吃飯是修行的一部分，所以要安坐下來，有威儀、有覺知地進食，而不是在外隨隨便便地吃。

• 飯食訖，收衣鉢

用餐後，將鉢洗淨晾乾，並將僧伽黎收起。

• 洗足已

印度出家人是赤足而行，所以準備上座前要清洗雙足。至今，很多南傳僧人在托鉢時依然保留赤足的傳統。

• 敷座而坐

然後鋪設座位，跏趺而坐。當時的出家人都是席地而坐，但可以墊些草，然後鋪上一塊布。這塊布也叫坐具、尼師壇，屬於比丘六物之一，其做法和尺寸都是有定量的。

這一段名為「法會因由分」。其中，佛陀為我們示現了一個普通出家人的生活。因為《金剛經》是破一切相的，所以佛陀沒有放光動地，沒有示現種種不可思議的境界，而是從日常生活的一幕開始。其中也包含著修行的常道：「著衣持鉢，入舍衛大城乞食」，體現戒；「洗足已，敷座而坐」，蘊藏定；以平等心次第乞食，保持正念，包含慧。

修行不只是誦經、拜佛等特定的宗教形式，其中最關鍵的，在於見地和用心。見地，是通過聞思經教確立正見；用心，則是在做每件事的時候保持正念。如果具備正見和正念，不論做什麼都可以是修行，也就是禪宗所說的「搬柴運水，好用工夫」。反之，如果不具正見，缺乏正念，即使在誦經拜佛，也不過是得些人天福報，卻離道遠矣。正如五祖當年對弟子們教誨說：「世人生死事大，汝等終日只求福田，不求出離生死苦海。自性若迷，福何可救？」

七、發菩提心——勝義菩提心

發勝義菩提心而不是世俗菩提心，直接指向空性的修行。
這說明大菩薩們的菩提心很廣大，以救度一切眾生為所緣。

《金剛經》屬於大乘經典。簡別大乘和二乘的根本，就是菩提心。如果發起菩提心，受持五戒也是菩薩道修行的組成部分。如果不具備菩提心，哪怕修習大乘法門，也不屬於菩薩道的修行。

菩提心，有世俗菩提心和勝義菩提心之分。世俗菩提心，包括願菩提心和行菩提心。當我們在內心生起「我要利益一切眾生，要成就無上菩提」的願望，並在三寶前把這一願望確定下來，就具備了願菩提心。進一步，就可以受菩薩戒，按菩薩的行為標準來做，即行菩提心。但作為凡夫，我們的心行是有漏而染汙的，哪怕在利他的願望和行動中，也會有各種雜質。這就需要通過空性見不斷提純，最終昇華為勝義菩提心。

《金剛經》從發菩提心開始，但起點很高，直接指向空性的修行。所以，本經開篇所提出的，是如何發起勝義菩提心，而非世俗菩提心。

1．提出問題

時，長老須菩提在大眾中即從座起，偏袒右肩，右膝著地，合掌恭敬而白佛言：稀有！世尊！如來善護念諸菩薩，善付囑諸菩薩。世尊！善男子、善女人，發阿耨多羅三藐三菩提心，應云何住，云何降伏其心？

佛言：善哉，善哉！須菩提！如汝所說：如來善護念諸菩薩，善付囑諸菩薩。汝今諦聽！當為汝說。善男子、善女人，發阿耨多羅三藐三菩提心，應如是住，如是降伏其心。

唯然，世尊！願樂欲聞。（第二　善現啟請分）

這一段為「善現啟請分」，由本經當機者須菩提尊者向佛陀請求開示。須菩提尊者為佛陀十大弟子之一，因為對空性有甚深領悟，被後人尊為「解空第一」。《金剛經》講述的是空性妙義，故由須菩提代表大眾向佛陀請法。此外，般若經典中也常以舍利弗尊者為當機者，他是佛陀弟子中的「智慧第一」。

- **時，長老須菩提在大眾中，即從座起，**

長老，僧團對德高臘長者的尊稱。此時，須菩提長老在大眾中，從座位上站起身來。

- **偏袒右肩，右膝著地，合掌恭敬而白佛言：**

這是說明請法時的威儀。偏袒，是在搭衣時露出右肩和右臂，以示尊敬，這一傳統在南傳佛教地區保持至今。右膝著地，是跪坐的姿勢。然後雙手合十，以恭敬心向佛陀請法。

・稀有！世尊！如來善護念諸菩薩，善付囑諸菩薩。

稀有，讚歎世尊成就的種種功德稀有難得，不可思議。世尊，佛陀十大名號之一，意為佛具萬德，為世人所尊。如來，亦為佛陀十號之一，意為乘真如之道而成正覺。護念，即愛護、攝受。因為菩薩行佛事業，弘法度眾，所以佛陀對他們善加攝受。付囑，即叮嚀、教誡。

須菩提尊者對佛陀讚歎說：真是太稀有了，世尊！如來特別愛護發菩提心的菩薩道行者，善用各種方便善巧，對他們加以開導和教誡。這是須菩提對如來的讚歎。

世間的父母對兒女也愛護有加，但因為智慧不夠，未必能給予他們有效引導。正相反，往往還出於所謂的「愛」，將兒女引上錯誤的人生道路。而佛陀是一切智者，具有圓滿的智慧和慈悲，把眾生當作獨生愛子般殷殷護念，諄諄付囑。這種關愛是以智慧為基礎的，善巧且沒有副作用，所以稱為善護念、善付囑。

・世尊！善男子、善女人，發阿耨多羅三藐三菩提心，應云何住，云何降伏其心。

阿耨多羅三藐三菩提是梵語，意為無上正等正覺，即成佛的覺悟。

讚歎後，須菩提向世尊請示說：這些菩薩道上的行者們，當他們發起阿耨多羅三藐三菩提心，應該如何安頓自己的身心，如何降伏內在的煩惱？這裡的「應云何住」，指的是正住，即住於善所緣，而不是像凡夫那樣住於五欲六塵，或像聲聞那樣住於偏空的涅槃。至於降伏其心，則是解決內外干擾，不被境界所轉，也不被寂滅為樂的自了心態所阻礙。這兩個問題非常關鍵。整部《金剛經》都在教導我們，如何以般若法門安頓身心，降伏煩惱。事實上，佛陀的所有言教都是從各種角度回答這兩個問題。當然，不同經教的立足點和解決方法有所區別。我們現在學習《金剛經》，就要瞭解本經是如何解答這兩個問題的。

- **佛言：善哉，善哉。須菩提！如汝所說，如來善護念諸菩薩，善付囑諸菩薩。**

佛陀聽了須菩提的問題後，對他表示鼓勵說：這些問題問得好啊！須菩提，正如你所說的那樣，如來時常護念這些菩薩行者，也時常教誡他們，應該如何解決這兩個問題。

- **汝今諦聽！當為汝說。**

你現在要認真聽聞，我將為你開示其中原理。

諦聽，是帶著聞法意樂，專注、用心地聽聞。在這裡，佛陀不只是讓須菩提諦聽，也是讓在座的千二百五十人，乃至後世所有學佛者諦聽。

- **善男子、善女人，發阿耨多羅三藐三菩提心，應如是住，如是降伏其心。**

如果善男子、善女人發起菩提心之後，應該這樣安住，這樣降伏其心。關於這兩個「如是」，將在下面詳細解說。

‧唯然，世尊！願樂欲聞。

須菩提尊者回應說：好啊，世尊！我們非常願意聆聽您的開示。

2．如何發菩提心

佛告須菩提：諸菩薩摩訶薩應如是降伏其心：所有一切眾生之類，若卵生、若胎生、若濕生、若化生，若有色、若無色，若有想、若無想、若非有想非無想，我皆令入無餘涅槃而滅度之。如是滅度無量無數無邊眾生，實無眾生得滅度者。

何以故？須菩提！若菩薩有我相、人相、眾生相、壽者相，即非菩薩。（第三大乘正宗分）

這一段為「大乘正宗分」，佛陀為須菩提解說關於發心的問題。

‧佛告須菩提：諸菩薩摩訶薩應如是降伏其心！

摩訶薩，是「大」的意思，也就是說，佛陀此時的開示是針對大菩薩而非普通的初發心菩薩。佛陀對須菩提說：作為已經發菩提心的大菩薩們，應該這樣降伏自己的心。正因為《金剛經》化導的對象是諸大菩薩，所以才能直接從勝義菩提心開始。

- **所有一切眾生之類，若卵生、若胎生、若濕生、若化生，**

這是說明菩提心的廣大——以救度一切眾生為所緣，無一例外。為了強調這一點，佛陀特別對「所有眾生」作了說明。從受生方式而言，包括胎生、卵生、濕生、化生。胎生，通過母胎孕育而出生，如人類和一切哺乳動物；卵生，由卵孵化而出，如禽類等；濕生，依託濕氣而生，如蚊子等；化生，由業力變化而來，不依賴父精母血或其他物質，如諸天或地獄眾生等。

- **若有色、若無色，**

有色，指欲界和色界的眾生，有色身存在；無色，指無色界的眾生，只有識而沒有色身存在。有色和無色，包括了三界所有眾生。

- **若有想、若無想、若非有想非無想，**

有想，指具有認識、意志、思考等意識作用的有情，又指有想天。無想，指入無想定的眾生。非有想非無想，指入非想非非想處定的眾生，既不是有想，也不是無想，更為寂靜微妙，為四禪八定的最高境界。這也是對三界眾生的概括方式。

- **我皆令入無餘涅槃而滅度之**

涅槃，為息滅義，即息滅迷惑和煩惱。對於以上所有眾生，我都發願幫助他們證悟無餘涅槃，以此救度他們，令他們解脫輪迴。菩薩對眾生的救度，不僅是給予他們世間利益，更要引導他們徹底平息生命內在的迷惑和煩惱，這才是最究竟的救度。

- **如是滅度無量無數無邊眾生，實無眾生得滅度者。**

菩薩雖然救度了無量眾生，但在他的心目中，並不覺得有眾生可度。反過來說，在不覺得有眾生可度的同時，又在鍥而不捨地度化無量眾生。這在常人看來有些不可思議，但恰恰是佛菩薩的境界。應該怎麼理解呢？在世俗諦的層面，確實有眾生可度，就像我們平時以為的，自己幫助了誰，利益了誰。但在勝義諦的層面，佛菩薩已證悟眾生的本質都是空性，所謂「心、佛、眾生三無差別」，所以不覺得有什麼眾生可度。

- **何以故？須菩提！若菩薩有我相、人相、眾生相、壽者相，即非菩薩。**

佛陀知道這個說法很難讓人接受，所以進一步加以解讀：為什麼這樣說？須菩提，如果菩薩在度化眾生的過程中，覺得有一個「我」在度眾生，或是覺得有「眾生」可度，就不是合格的菩薩。因為菩薩已證悟空性，知道沒有實在的我，也沒有實在的眾生。雖然知道這一切了不可得，但眾生當下確實在痛苦中，因為悲心使然，菩薩還是會不遺餘力地救度他們。

這裡所說的我相、人相、眾生相、壽者相是《金剛經》反覆出現的一組概念，亦稱四相，是生命形態的不同顯現。我相，執著色、受、想、行、識五蘊為我，認為有實在的我；人相，於五蘊身心中生起執著，認為有實在的人，並對此起貪起嗔；眾生相，對三界六道的種種生命形態生起執著，認為有實在的眾生；壽者相，對生命的相續生起執著。

總之，我相、人相、眾生相、壽者相，都是因緣和合的假相，其中並沒有所謂的「我」，沒有差別相，也沒有生滅相。如果將四相執以為真實，就會有分別、有取捨，就不能平等對待一切有情，也就不是菩薩的境界了。

在無著菩薩造頌、世親菩薩注釋的《能斷金剛般若波羅蜜多經論釋》中，將勝義菩提心歸納為四個特徵：一是廣大，以度化一切眾生為對象；二是最勝，這種幫助不是暫時的，而要令一切眾生入無餘涅槃；三是至極，菩薩雖然滅度無量眾生，但並不覺得有眾生可度，因為他們已將眾生和自己視為一體；四是無顛倒，在度眾生的過程中，不起我相、人相、眾生相、壽者相，完全是在悲心驅動下利他，其中沒有任何我執。

八、無我度眾生

唯有無我，才能成就忍辱的修行，
才能在面對巨大的考驗時，安然接納，不為所動。

菩薩行者的核心任務，是幫助一切眾生破迷開悟，解除煩惱，最終入無餘涅槃。在此過程中，自己首先要成就解脫。否則，即使有心利他，也是無能為力的，是為「泥菩薩過河，自身難保」。

前面說到，如果菩薩有我、人、眾生、壽者四相，就不是合格的菩薩。其實，不僅菩薩行者要斷除四相，聲聞行者也不例外，否則就無法解脫。如果說解脫是三乘修行的共同目標，那麼，證悟無我則是解脫的核心任務。

因為我執是凡夫人格的所依，也是生死輪迴的根本。有我執，才有煩惱，才會造業，進而流轉生死。只要這個「我」還在，不論做多少善行，修什麼法門，都是不能解脫的。

在「諸行無常，諸法無我，涅槃寂靜」三法印中，無我才是佛法有別於其他一切宗教、哲學的不共所在。因為涅槃是印度很多宗教共許的，只是和佛法的內涵有所不同。至於無常，認同範圍更為廣泛。除了宗教和哲學，科學發現也在不斷印證這一規律。但唯有佛法提出「無我」，而其他宗教或相信靈魂，或認可神我，或信仰上帝，不論表現形式如何，都是有我而非無我的。

那麼，《金剛經》是怎樣講述無我的呢？

1．無我度化眾生

須菩提！菩薩亦如是。若作是言：我當滅度無量眾生，則不名菩薩。何以故？須菩提！實無有法名為菩薩。是故佛說：一切法無我、無人、無眾生、無壽者。須菩提！若菩薩作是言：我當莊嚴佛土。是不名菩薩。何以故？如來說莊嚴佛土者，即非莊嚴，是名莊嚴。須菩提！若菩薩通達無我法者，如來說名真是菩薩。（第十七　究竟無我分）

以上引文出自「究竟無我分」。在此分的開始，須菩提再次提出了開篇那個問題，即「云何應住，云何降伏其心」。關於此，佛陀的回答是——「實無有法，發阿耨多羅三藐三菩提者」，並反覆強調了這個回答。所以此分名為「究竟無我分」。進一步說明，通達無我才是檢驗菩薩真偽的標準。

- 須菩提！菩薩亦如是。若作是言：我當滅度無量眾生。則不名菩薩。

在這段開示前，佛陀說到「所言一切法者，即非一切法，是故名一切法」，接著告誡須菩提說：菩薩也是這樣的，如果說什麼「我要滅度無量無邊的眾生」，就不能稱為合格的菩薩。因為有這樣一種認識，就說明他尚未擺脫我執，才會覺得是「我」在度化眾生，也覺得有眾生可以被「我」度化。當然在世俗意義上，的確有菩薩在度眾，也有眾生可度。但在究竟意義上，菩薩和眾生都是因緣假相，其本質都是空性。在空性層面，菩薩和眾生是同體的，無二無別，沒有能度，也沒有所度。

- **何以故？須菩提！實無有法名為菩薩。**

為什麼這樣說呢？因為並沒有什麼法叫作「菩薩」。從空性而言，菩薩也是假名安立的。就像世間的各種身分，只是因緣和合的現象，並非固定不變的存在。

- **是故佛說：一切法無我、無人、無眾生、無壽者。**

所以佛陀說，一切法其實都沒有我相，沒有人相，沒有眾生相，也沒有壽者相。從世俗諦看，大千世界乃至芸芸眾生都是有的。但在空性層面，這些差別相只是幻影，了不可得。

- **須菩提！若菩薩作是言：我當莊嚴佛土。是不名菩薩。**

佛陀接著對須菩提開示說：如果菩薩說什麼「我要莊嚴佛土」，就不能稱為合格的菩薩。因為菩薩莊嚴佛土只是從慈悲心出發，是自然而然的擔當，其中沒有我，也沒有我所。如果覺得有個「我」在莊嚴佛土，或是覺得有個佛土被「我」莊嚴，就陷入了我法二執，最多只是人天善法，並不是菩薩的境界。

・何以故，如來說莊嚴佛土者，即非莊嚴，是名莊嚴。

為什麼這麼說？如來所說的莊嚴佛土，本身就是因緣和合的假相，不過是安立了「莊嚴佛土」這個名稱而已。

・須菩提！若菩薩通達無我法者，如來說名真是菩薩。

須菩提！只有當菩薩通達了無我法，成就了無所得的智慧，了悟到佛土的本質是空性，乃至萬法的本質都是空性，不覺得有我在莊嚴佛土，或是有佛土被我莊嚴，如來才會認為，這是合格的菩薩。因為沒有執著，才不會有好惡分別，有親疏取捨，這是菩薩和凡夫的根本區別所在。

須菩提！於意云何，汝等勿謂如來作是念：我當度眾生。須菩提！莫作是念。何以故？實無有眾生如來度者。若有眾生如來度者，如來則有我、人、眾生、壽者。須菩提！如來說：有我者，則非有我，而凡夫之人以為有我。（第二十五化無所化分）

以上內容出自「化無所化分」，進一步說明，在如來的境界中，其實並沒有什麼眾生可度。雖然如此，他依然殷勤地度化眾生，毫無疲厭。

作為凡夫，我們的行為總是偏於一邊。在莊嚴佛土時，或落入常見，認為有實實在在的佛土可以莊嚴，從而被境界所轉；或落入斷見，認為既然沒有什麼佛土可莊嚴，就不需要做利他事業了。

而菩薩既不落於常見，又不落於斷見。在莊嚴佛土的同時，了知佛土的本質是空；在度化眾生的同時，了知眾生的本質是空。雖然了知佛土和眾生的空性本質，又能了知一切緣起的顯現。看到眾生在輪迴中痛苦掙扎，不是漠然以對，而是在悲心驅動下廣泛度化眾生，不捨一人。

- **須菩提！於意云何？汝等勿謂如來作是念：我當度眾生。須菩提！莫作是念。**

佛陀問須菩提：你是怎麼看待如來度化眾生這個問題的呢？接著開示說：你們不要覺得，如來會這樣想：「我要度化眾生。」如果有這樣的想法，就是執著有真實的我，也有真實的眾生可度，並不是如來的境界。所以佛陀再次強調說：你們不要有這樣的想法。

- **何以故？實無有眾生如來度者。**

為什麼不能這麼想呢？因為在如來的境界中，並沒有所謂的眾生，自然也就沒有什麼眾生是如來度化的。菩薩既看到眾生的本質是空性，也看到眾生和自己本是一體。如果覺得在自己以外有真實的眾生可度，就是把自己和眾生對立起來。

• **若有眾生如來度者，如來則有我、人、眾生、壽者。**

如果覺得有什麼眾生是如來度化的，那就是有我相、人相、眾生相、壽者相。如果有我相乃至壽者相，就是凡夫而不是如來了。我們平時做利他的事，會覺得自己在幫助某些人，或覺得某些人受到自己的幫助，就會被四相困擾，拿不起也放不下。如來雖然在緣起層面看到眾生在輪迴中受苦，從而施以援手，救苦救難，但在空性層面，是不覺得有眾生可度的。

• **如來說：有我者，則非有我，而凡夫之人以為有我。**

如來為佛陀自稱，但這只是一個假名安立的「我」。在緣起的層面，佛教並不否認這個生命現象的存在，也會運用「我」或「眾生」等概念來說法。事實上，每個生命的存在，都可以說是「我」的表現形式，但這只是緣起假相。如來所說的「我」，並不是真有那麼一個獨立存在、固定不變且可以主宰的「我」。凡夫因為不瞭解真相，總是誤以為其中有一個「我」。在《唯識三十論》中，開篇就是「由假說我法」，告訴我們，聖教所說的「我」，只是說法的方便；而凡夫認為的「我」，是一種迷妄的錯誤執著。二者是完全不同的。

2．無我修習忍辱波羅蜜

須菩提！忍辱波羅蜜，如來說非忍辱波羅蜜。何以故？須菩提！如我昔為歌利王割截身體，我於爾時，無我相，無人相，無眾生相，無壽者相。何以故？我於往昔節節支解時，若有我相、人相、眾生相、壽者相，應生嗔恨。須菩提！又念過去於五百世作忍辱仙人，於爾所世，無我相，無人相，無眾生相，無壽者相。（第十四　離相寂滅分）

在「離相寂滅分」這段經文中，佛陀以自己過去生中修習忍辱波羅蜜的經歷說明，唯有無我，才能成就忍辱的修行。

• 須菩提！忍辱波羅蜜，如來說非忍辱波羅蜜。何以故？

忍辱波羅蜜，為菩薩道六個主要修行項目之一，其他五項分別是佈施、持戒、精進、禪定、般若，又稱六度、六波羅蜜。

佛陀告誡須菩提說：即使對「忍辱」這樣艱難而充滿考驗的修行，如來同樣認為，並沒有什麼是忍辱波羅蜜。為什麼這麼說？因為忍辱的本質也是空性。能忍的人，所忍的事，都是因緣假相，是了不可得的。如果覺得有什麼需要忍受，就像世人為了某種目的而隱忍那樣，什麼「忍是心頭一把刀」，什麼「小不忍則亂大謀」，並不是佛法的修行，更不是菩薩的境界。那種忍只是壓抑或委曲求全，往往會帶來各種副作用，並在忍到一定限度後集中爆發。

• 須菩提！如我昔為歌利王割截身體，我於爾時，無我相，無人相，無眾生相，無壽者相。

接著，佛陀以自己過去生的經歷，向須菩提開示佛教中忍辱波羅蜜的修行。佛本生故事記載，佛陀因地曾為忍辱仙人，在山林修道。某日，歌利王帶著大隊人馬進山打獵，還有很多後妃和宮女跟隨。午後，歌利王因打獵疲累而睡著了，醒來發現，他的後妃宮女都圍繞在忍辱仙人身邊聽法。歌利王質問仙人說：「你證悟了什麼果位？」仙人說沒有。歌利王又問：「既然你沒有證果，看到這麼多美女是否動心？」仙人也說沒有。歌利王覺得他在撒謊，大為震怒，用劍依次砍下忍辱仙人的手腳。面對如此殘酷的暴君，忍辱仙人並沒有心生嗔恨。之所以能這樣，因為忍辱仙人已經斷除了我相、人相、眾生相、壽者相。

• 何以故？我於往昔節節支解時，若有我相、人相、眾生相、壽者相，應生嗔恨。

為什麼說忍辱仙人已經沒有我相乃至壽者相呢？道理很明顯，當他被節節支解時，如果還有我相、人相、眾生相、壽者相，必然會心生嗔恨。就像凡夫那樣，不必說節節支解，哪怕毫髮無損，只是被人罵了一聲，說了一句，也會懷恨在心，充滿怨懟，久久不能釋懷。

正因為忍辱仙人已經證悟無我，不再執著這個色身為「我」，所以才能在面對如此巨大的考驗時，安然接納，不為所動。

• 須菩提！又念過去於五百世作忍辱仙人，於爾所世，無我相，無人相，無眾生相，無壽者相。

佛陀繼續對須菩提開示說：我還想到自己在過去五百生中，都曾作為忍辱仙人修行。在那時候，我已經沒有我相乃至壽者相，所以才能圓滿忍辱波羅蜜。所以說，真正的忍辱是「忍無可忍」。這不是說，忍到極致已經沒辦法再忍了。而是因為看清諸法實相，發現一切了不可得，根本沒什麼需要忍受的。換言之，只要覺得有個「我」在忍，或有件事需要忍，就沒有圓滿忍辱的修行，也不是忍辱波羅蜜。

3．通達無我不受福德

須菩提！若菩薩以滿恆河沙等世界七寶佈施，若復有人知一切法無我，得成於忍，此菩薩勝前菩薩所得功德。須菩提！以諸菩薩不受福德故。

須菩提白佛言：世尊！云何菩薩不受福德？

須菩提！菩薩所作福德不應貪著，是故說不受福德。（第二十八　不受不貪分）

在「不受不貪分」中，佛陀通過校量，也就是比較的方式，為我們說明了無我的功德。

- 須菩提！若菩薩以滿恆河沙等世界七寶佈施，若復有人知一切法無我，得成於忍，此菩薩勝前菩薩所得功德。

這一部分是以佈施功德和通達無我進行校量。我們知道佈施會招感無量福德，而且這裡所說的不是普通佈施，是以充滿恆河沙數世界那麼多的七寶用來佈施，其福德之大，實在難以想像。但即使這樣，只要有人了知一切法無我，安住於此，那麼成就這一智慧獲得的功德，將超過以恆河沙等世界七寶佈施的福德。這裡所說的「忍」，即成就法空的智慧。因為七寶佈施的福德再大再多，終歸是有漏、有限的，而成就空性慧將究竟解除生命中的迷惑煩惱，這是任何外在福報不能比擬的。用現在的話說，二者根本就不具有可比性。

- 須菩提！以諸菩薩不受福德故。

為什麼了知一切法無我的功德有這麼大？佛陀告訴須菩提說：那是因為菩薩已經證悟空性，所以不貪著任何福德。無論世間還是出世間的一切，菩薩都視如浮雲。因為不貪著，就不會有任何罣礙，從而成就廣大無邊的功德。而凡夫心的特點是有所得。有得，則必然有限，也必然有失。

- **須菩提白佛言：世尊！云何菩薩不受福德？**

須菩提向佛陀請教說：為什麼菩薩能不貪著福德呢？

- **須菩提！菩薩所作福德不應貪著，是故說不受福德。**

佛陀告訴須菩提說：菩薩已經瞭解到貪著的過患，不論對善行招感的榮華富貴，還是對禪定成就的微妙禪悅，都能不為所動。更關鍵的是，菩薩已經證悟空性慧，所以具備不貪著的能力。

這裡的不受，並非不擁有或不受用，而是不貪著。就像《維摩詰所說經》中，維摩居士「雖處居家，不著三界；示有妻子，常修梵行；現有眷屬，常樂遠離；雖服寶飾，而以相好嚴身；雖復飲食，而以禪悅為味」。也就是說，不能從擁有什麼來判斷受還是不受。

從以上引文可以看到，《金剛經》反覆提及四相，告誡我們要「無我相，無人相，無眾生相，無壽者相」。其實，四相都是我相的不同表現方式。凡夫之所以為凡夫，就是將身心內外的種種執以為「我」。其實除了因緣和合的假相，哪有什麼獨存、不變、可以主宰的「我」呢？乃至大千世界的一切，都是緣生緣滅的，不具有固定不變的自性。

眾生因為缺乏緣起的智慧，所以會在身心生起我執，在緣起現象生起法執，進而把自己和世界捆綁起來，為此歡喜為此憂。《三主要道頌》中，將我執比喻為鐵網——「難阻業繩緊密繫，投入我執鐵網孔」。其實，並不是誰把我們綁在輪迴中，捆綁我們的，正是自己的無明和執著。

因為無明，所以看不清生命和世界的真相，由此造業流轉。在輪迴的瀑流中，我們總是被挾持著，身不由己。佛法反覆強調的無我，就是幫助我們解除捆綁，成就解脫，進而廣泛利益眾生。因為凡夫處處以自我為中心，處處想到自己的利益。面對他人時，或是有好惡親疏的分別，或是有患得患失的考量，結果把自己越綁越緊。唯有證悟無我，才能破除自己和眾生的對立，這也是利益眾生必須具備的認知。

九、佈施波羅蜜——無相佈施

真正需要捨棄的不是某樣物品、某個人或某件事，而是貪著本身。
你依然可以擁有，但沒有貪戀或不捨，沒有任何擁有帶來的副作用。

佈施，是佛法和世間的共法，也是各種宗教所提倡的。就佛法修行來說，人天善法提倡佈施，聲聞解脫道提倡佈施，大乘菩薩道更提倡佈施。在菩薩所行的六度和四攝中，都是以佈施為首。

《金剛經》在講述發菩提心後，也說到了佈施，包括財施、法施和無畏施三種。所謂財施，又有外財和內財兩方面。外財，即常見的施捨財物，如社會上的捐錢捐物，就屬於外財佈施；內財，則是為他人提供服務，甚至佈施身體，如做義工或捐贈器官等。所謂法施，則是以知識技能幫助他人，令其掌握生存或發展之道。而最究竟的，是以佛法利益眾生。所謂無畏施，就是消除眾生的危難和恐懼，如放生、受持不殺生戒等。

從個人修行來說，佈施是破除慳貪的有效途徑。因為貪是凡夫的本能，貪名利，貪感情，貪覺受，貪世間……總之，貪著身心內外的一切，只是對象和程度有所不同罷了。這種貪是有黏性的，如果不能放下，就會不斷為其所擾。現在流行的「斷捨離」也是這個原理，通過捨棄各種用品來擺脫對物欲的迷戀。所以說，真正需要捨棄的不是某樣物品，也不是某個人或某件事，而是貪著本身。

說到這裡，有人可能會擔心：捨棄貪著是讓我們一無所有嗎？那還怎麼生存呢？其實不然。捨棄貪著只是讓我們不被世間一切所困擾，你依然可以擁有，但沒有貪戀，沒有不捨，也沒有任何擁有帶來的副作用。

從利益眾生來說，通過財佈施，可以解除眾生的現實困難；通過法佈施，可以引導眾生走向覺醒；通過無畏施，可以讓眾生身心安樂，無有恐懼。無論哪一種，都能和眾生廣結善緣。對於這個自利利他的重要項目，佛陀在《金剛經》中是怎麼講述，又是怎麼引導我們修習的呢？

須菩提！菩薩於法，應無所住行於佈施，所謂不住色佈施，不住聲香味觸法佈施。須菩提！菩薩應如是佈施，不住於相。何以故？若菩薩不住相佈施，其福德不可思量。

須菩提！於意云何？東方虛空可思量不？

不也，世尊！

須菩提！南西北方、四維上下虛空可思量不？

不也，世尊！

須菩提！菩薩無住相佈施，福德亦復如是不可思量。須菩提！菩薩但應如所教住。（第四　妙行無住分）

《金剛經》第四分為「妙行無住分」，反覆提醒我們，在修習菩薩道的過程中，應該不住於相。

• 須菩提！菩薩於法，應無所住行於佈施，

佛陀對須菩提說：菩薩在修習佈施時，不論行財佈施、法佈施還是無畏施，都要心無所住。這是相對凡夫有所住的佈施而言。凡夫在佈施時，首先是住於我相，帶著我執我見而修佈施，覺得我在施捨你，幫助你；其次是住於受施對象，在意接受佈施者和我有什麼關係；第三是住於所施物品，在意物品的貴賤好壞，總惦記著自己給了些什麼。因為這些執著，佈施時就會患得患失，或是有高高在上的優越感，或是希望佈施後得到某種回報，由此發展出貪、嗔、癡、慢、疑等種種煩惱。

• 所謂不住色佈施，不住聲香味觸法佈施。

怎樣才是不住相佈施？這就必須具備空性智慧，了知色、聲、香、味、觸、法六塵都是因緣假相。只有了知其本質，才不會有這樣那樣的罣礙，不會以施主自居，覺得自己付出了多少，有多麼了不起。

• 須菩提！菩薩應如是佈施，不住於相。

佛陀對須菩提說：菩薩應該這樣不住相佈施——不住於我相，不住於眾生相，也不住於五欲六塵之相。純粹是出於慈悲，只要眾生需要，就毫不吝惜地給予。同時，這種慈悲是建立在空性基礎上的。雖然看到眾生的痛苦，但了知痛苦的本質也是空性。既沒有施者、

受者、所施物的分別，也不被眾生的痛苦所轉。否則往往會做得很苦惱、很無力。

- **何以故？若菩薩不住相佈施，其福德不可思量。**

為什麼要這麼做呢？原因在於，如果菩薩能不住相佈施，由此成就的功德福報是難以想像的。這並不是菩薩貪著功德，所以要找到一個功德最大化的方式來修，而是因為成佛需要圓滿福慧二資糧。菩薩「為利有情願成佛」，利他是為了眾生，成佛也是為了眾生。

- **須菩提！於意云何？東方虛空可思量不？**

因為不住相佈施的福德之大難以想像，所以經中用比喻加以說明。佛陀問須菩提說：東方的虛空有多大，你可以想像得到嗎？

- **不也，世尊！**

須菩提回答說：世尊！虛空之大是無法想像的。因為虛空是無邊無際的，既然沒有邊際，又怎麼能想像得出它究竟有多大呢？

- **須菩提！南西北方、四維上下虛空可思量不？**

佛陀接著問須菩提：那麼，南方、西方、北方、東南、東北、西南、西北，乃至上、下的虛空有多大，你可以想像嗎？

• 不也，世尊！

須菩提回答說：世尊！這同樣是無法想像的。因為虛空無邊無際，不論怎麼想像，都是無法窮盡的。如果能夠窮盡，那就不是無限而是有限了。

• 須菩提！菩薩無住相佈施，福德亦復如是不可思量。

佛陀告訴須菩提說：如果菩薩能不住相佈施，所獲得的功德福報之大，也和虛空一樣難以想像。原因是什麼呢？因為心的本質就是宇宙的本質，是無限的。但心有所住時，就會陷入對現象的執著。以有限之心而行佈施，相應的，所成就的功德也是有限的。而菩薩心無所住時，就能擺脫二元對立，既不落入對我的執著，也不落入對法的執著，沒有施者、受者、所施物的區別，從而回歸無形無相、無邊無際的虛空狀態。以這樣的心佈施，成就的功德才是無限的。就像任何一個數字乘以無窮大，結果都是無窮大。

• 須菩提！菩薩但應如所教住。

最後，佛陀勸勉須菩提說：菩薩就應該這樣修習佈施啊！所以關鍵不在於做了什麼，而在於以什麼樣的心來做。因為我們能做的事永遠是有限的，但發心可以是無限的。

《金剛經》是一部闡述空性的經典，佛陀所開示的，也是最高的無相佈施。從中觀的二諦來說，是直接立足於勝義諦。講度眾生，要認識到沒有眾生可度；講修佈施，也要認識到施者、受者、所施物了不可得。但不能因此偏空，覺得既然如此，做不做有什麼區別呢？那就落入斷見了，於人於己都沒有利益。菩薩雖然知道這一切了不可得，還是積極地廣行佈施，有求必應。否則就無法利益眾生，也無法圓滿福慧資糧了。

十、佛陀的身相——無相可得

我是誰？唯有認識自我，才能找到我的本來面目。

世界還是那個世界，當不再被外相迷惑，我們眼中的世界就改變了。

佛陀是佛教徒最為景仰的導師，也是我們的學習榜樣和禮敬對象。學佛，是以三寶為皈依處，通過聞思修，集資淨障，最終圓滿佛陀那樣的慈悲和智慧。三寶有住持三寶、化相三寶、理體三寶、自性三寶之分。通常所說的是住持三寶，即佛像、經書、現前僧伽。

這就涉及幾個問題：佛像能代表佛嗎？應該如何認識佛陀？當我們說到佛陀時，腦海中浮現的是什麼？雖然每個人心目中有不同的佛陀形象，但通常沒有離開佛陀的色身。就像我們平時說到某某人，腦海中就會出現他的形象。

我們知道，佛陀有三十二相、八十隨形好。所謂三十二相，就是最為莊嚴圓滿，讓人見之歡喜、心生景仰的外形特徵。其中每一種，都是積百種之福而感得。分別是：足安平，足千輻輪，手指纖長，手足柔軟，手足縵網，足跟圓滿，足趺高好，腨如鹿王，手長過膝，馬陰藏，身縱廣，毛孔青色，身毛上靡，身金光，常光一丈，皮膚細滑，七處平滿，兩腋滿，身如獅子，身端正，肩圓滿，口四十齒，齒白齊密，四牙白淨，頰車如師子，咽中津液得上味，廣長舌，梵音清遠，眼色紺青，睫如牛王，眉間白毫，頂成肉髻。八十隨形好也是說明佛陀身相的圓滿，具體內容可在佛學詞典中查閱。此外，佛典中還講到佛陀有三身四智，即法身、報身、化身，和大圓鏡智、平等性智、妙觀察智、成所作智。

這些能不能代表佛陀的真身？對我們每個人來說，其中也蘊含著一個嚴肅的問題，那就是——我是誰？色身能代表我嗎？名字能代表我嗎？身分能代表我嗎？如果這些都不能代表的話，究竟什麼代表著我？可以說，這個問題包含了非常重要的修行內容。正確認識佛陀身相，同時也意味著認識自我，找到我的本來面目。

1．色相非真

須菩提！於意云何，可以身相見如來不？
不也，世尊！不可以身相得見如來。何以故？如來所說身相，即非身相。
佛告須菩提：凡所有相，皆是虛妄。若見諸相非相，即見如來。（第五　如理實見分）

第五分為「如理實見分」。如理是相對不如理而言，實見是相對於不實而言。怎樣才能如理如法地見到實相，見到佛陀的真身？

- 須菩提！於意云何，可以身相見如來不？

佛陀問須菩提說：你覺得怎麼樣，可以通過身相見到如來嗎？這個身相是指如來的色身，是正與須菩提面對面並往來問答的色身。在一般人的觀念中，答案必然是肯定的。除此以外，難道還能以其他方式見如來嗎？即使在可以通過網路、視頻見面的今天，我們所說的見到，不還是這個眼耳鼻舌身的形象嗎？

• 不也，世尊！不可以身相得見如來。

但須菩提完全明白佛陀在說什麼，所以他的回答是：不是的，世尊，不可以認為見到如來身相就等於見到如來。

為什麼須菩提這麼回答呢？首先，他是證果的聖者，已經見到法身，知道那才是佛陀的真身。其次，他有過一次類似的經歷。

當時佛陀上忉利天為母說法三個月，弟子們日夜想念，所以當佛陀返回人間時，都爭先恐後地前去迎接。其中有位蓮花色比丘尼，按戒律應該排在比丘們後面，但她神通廣大，化現為轉輪聖王，走在隊伍最前列。當她為率先見到佛陀而高興時，佛陀卻對她說：「第一個見到我的不是你，而是須菩提。」蓮花色環顧左右，並沒有發現須菩提的身影。這是怎麼回事呢？原來，須菩提尊者知道佛陀即將回到人間時，想到佛陀曾經說過，佛的真身是法身，所以就在林間入空性定，見到了佛陀的法身。基於這個認識，須菩提尊者非常肯定地回答了佛陀的提問。

• 何以故？如來所說身相，即非身相。

須菩提尊者接著說明：為什麼這樣說呢？如來所說的外在色身，是有生有滅的因緣假相，並非如來的真身。如果這是如來的真身，那麼如來入滅後，不就不存在了嗎？所以，生滅變化的色身是不能真正代表如來的。

• 佛告須菩提：凡所有相，皆是虛妄。若見諸相非相，即見如來。

佛陀對須菩提的回答給予肯定，告訴他說：凡是我們見到的一切相，都是因緣和合的顯現，是剎那生滅、虛妄不實的。只有透過這些相，看到它們的空性本質，才能真正見到如來的法身。

這裡的非相，並不是說所有相不存在了，而是我們不再執著它為實有，為固定不變。換言之，世界還是那個世界，但我們眼中的世界改變了。我們不再被外相所迷惑，而是知道，無論它們怎麼變化，無論它們顯現為什麼，本質上都是空的，無自性的。

既然佛陀的色身都不能代表真正的佛身，佛像就更不能代表了。那我們是否不需要禮佛，不需要恭敬三寶呢？這就矯枉過正了。要知道，禮佛可以幫助我們修習恭敬，強化三寶在內心的分量和地位，起到見賢思齊的作用，是不可或缺的修行。但不能捨本逐末，執著佛像而忽略佛陀的真身。就像經典，本身是標月指，是引導我們看見月亮的途徑，但我們要見的是月亮，而不是手指。所以說，認識佛像的意義，瞭解佛陀的真身，可以幫助我們確立學佛的重點所在。

須菩提！於意云何，佛可以具足色身見不？

不也，世尊，如來不應以具足色身見。何以故？如來說具足色身，即非具足色身，是名具足色身。
須菩提！於意云何，如來可以具足諸相見不？
不也，世尊，如來不應以具足諸相見。何以故？如來說諸相具足，即非具足，是名諸相具足。（第二十　離色離相分）

第二十分為「離色離相分」，同樣講到如來身相的問題。

• 須菩提！於意云何，佛可以具足色身見不？

所謂具足色身，即佛陀成就的三十二相、八十隨形好。此處，佛陀再次問須菩提說：是否可以因為看到佛陀莊嚴圓滿、無與倫比的身相，就認為是見到佛陀了呢？很多人在學佛後，看到世間的虛妄和荒謬，卻把這份執著轉移到佛果功德上，認為這些是實有的。佛陀為了破除弟子們的執著，一而再、再而三地加以提醒。

• 不也，世尊！如來不應以具足色身見。

須菩提的回答很明確：不可以，世尊。因為相好莊嚴的色身，只是佛陀顯現的外在形象。雖然這些都是佛果功德的顯現，但只是顯現而已，並不等於佛陀的真身。如果執著這些顯現，就去道遠矣。

• **何以故？如來說具足色身，即非具足色身，是名具足色身。**

須菩提接著解釋：為什麼這麼說呢？如來所說的具足三十二相、八十隨形好，也是因緣和合的假相，其本質是空性，只是為了表達的方便，才稱之為「具足色身」。所以，不能認為見到三十二相的色身就等於見到如來。從另一個角度說，真正瞭解色身的無自性空，也就見到法身了。我們不必離開色身來見法身，但也不可執著於色身，否則就見不到法身了。正如永嘉禪師在《證道歌》中所說：「無明實性即佛性，幻化空身即法身。」色身的當下就是法身，二者是不即不離的。

• **須菩提！於意云何，如來可以具足諸相見不？**

這個問題和上面如出一轍，只是將「色身」換成了「諸相」，包括佛陀的萬億化身。佛陀又問須菩提說：你認為怎麼樣，可以因為見到如來這樣那樣的化現，就等於見到如來了嗎？

• **不也，世尊！如來不應以具足諸相見。**

須菩提還是肯定地回答：不可以，世尊。雖然如來有千百億化身，但他的真身是超越一切相的。如果執著於種種外在形象，不論哪一種，都會以偏概全，是見不到如來真身的。

・何以故？如來說諸相具足，即非具足，是名諸相具足。

為什麼這樣說呢？如來所說的諸相具足的色身，只是眾緣和合的假相而已，是無自性空的，並不是如來的真身。只是為了表達的方便，名之為諸相具足而已。

在這番問答中，兩次出現了《金剛經》特有的三句式，告訴我們：佛的法身是建立在空性上，不能依外在顯現來按圖索驥，那是找不到的。同時也告訴我們：色身的本質就是法身。如果認識到色身的無自性空，不於色身生起執著，不被境轉，而能以空性慧觀照，那麼在色身的當下也能體認法身。

2．有相之身不為大

須菩提！譬如有人身如須彌山王，於意云何，是身為大不？須菩提言：甚大，世尊！何以故？佛說非身，是名大身。（第十　莊嚴淨土分）

這段內容出自本經「莊嚴淨土分」，說明有相之身不為大，無相之身乃為大。

• 須菩提！譬如有人身如須彌山王，於意云何？是身為大不？

須彌山，又稱妙高山，佛教認為它是我們這個娑婆世界的中心，也是世上最高最大的山。佛陀問須菩提：假如有人身體像須彌山那麼大，你覺得如何，這樣的身體是不是很大？

• 須菩提言：甚大，世尊！何以故？佛說非身，是名大身。

須菩提回答說：世尊，那真是高哉偉哉，奇大無比。為什麼這樣說呢？因為世尊曾經說過，超越有相的身體，才是真正的廣大身。這裡所說的「非」就是空，當我們瞭解身體的本質是無自性空，依空性而顯現，它才是不可限量的。反之，如果我們執著這個色身是有相的，即便再大，都是有限的。

因為大和小是相對的。地球大不大？太陽系大不大？銀河系大不大？當然都很大。但即使是銀河系，在整個宇宙中也是微不足道的。只要有形有相，再大也是有限的。唯有無相的法身才是真正的大。事實上，都不能用「大」來形容。因為無相就是無限，還有什麼比這更大的呢？

3．不以色相見如來

須菩提！於意云何，可以三十二相觀如來不？須菩提言：如是，如是，以三十二相觀如來。佛言：須菩提！若以三十二相觀如來者，轉輪聖王則是如來。須菩提白佛言：世尊！如我解佛所說義，不應以三十二相觀如來。爾時，世尊而說偈言：「若以色見我，以音聲求我，是人行邪道，不能見如來。」（第二十六　法身非相分）

第二十六分為「法身非相分」，再次強調，不得以色相見如來。

- 須菩提！於意云何，可以三十二相觀如來不？

佛陀問須菩提說：你覺得怎麼樣，可以認為看到三十二相，就代表見到如來了嗎？根據印度的傳統觀念，認為最高貴的相貌就是三十二相，這是無量福德成就的，所謂貴之極也。除了三世諸佛，轉輪聖王也具備這樣的相貌。轉輪聖王是印度人推崇的理想君主，相當於儒家的內聖外王。

• 須菩提言：如是，如是，以三十二相觀如來。

須菩提回答說：是啊，如果從色身的層面，見到三十二相，也可以說是見到了如來。前面已經說過不能以色相見如來，為什麼須菩提在此又有不一樣的回答呢？因為前面是從法身而言，如果就化身而言，又另當別論了。所以這個回答並不是前後矛盾，而是從不同角度來說。既不著有，也不著空。

• 佛言：須菩提！若以三十二相觀如來者，轉輪聖王則是如來。

佛陀反問須菩提說：如果見到三十二相就等於見到如來的話，那麼轉輪聖王就和如來一樣了。因為轉輪聖王同樣具備三十二相，就外在形象而言，和佛陀有著相同的特徵。佛陀當然知道，以須菩提的證量是不會對這些問題產生混淆的，但為了引導其他弟子，才會對這個問題往來反覆地加以辨析。

• 須菩提白佛言：世尊！如我解佛所說義，不應以三十二相觀如來。

須菩提知道佛陀的深意，話鋒一轉，進一步談了自己的所證：世尊，根據我對佛陀開示的理解，不應該將具有三十二相的如來色身當作真正的如來。因為如來的真身是法身，三十二相的色身只是因緣假相，是生滅變化的。

・爾時，世尊而說偈言：若以色見我，以音聲求我，是人行邪道，不能見如來。

接著，佛陀說了一個偈頌，這是《金剛經》最為著名的偈頌之一。如果有人執著如來的色身為如來，或執著如來的音聲為如來，住於色相和音聲，就是心外求法，會因此走上歧路，不能見到真正的如來。因為他已陷入對外境的執著，不能如實通達色相、音聲背後的空性。所見所聞只是停留於表面，不能見到甚深的實相。

4．如來具足相好莊嚴

須菩提！汝若作是念，如來不以具足相故，得阿耨多羅三藐三菩提。須菩提！莫作是念，如來不以具足相故，得阿耨多羅三藐三菩提。須菩提！汝若作是念，發阿耨多羅三藐三菩提心者，說諸法斷滅，莫作是念。何以故？發阿耨多羅三藐三菩提心者，於法不說斷滅相。（第二十七　無斷無滅分）

第二十七分為「無斷無滅分」。前面多次說到，不能執著如來的身相為實有，不能認為見到如來身相就等於見到如來。包括在上一品，佛陀剛對須菩提所說的「如是，如是，以三十二相觀如來」作了糾正。但有人聽了這些說法後，可能會走向另一個極端，認為如來成就阿耨多羅三藐三菩提時，只有無相的法身，沒有有相的色身。針對這些偏見，佛陀作了進一步的引導。

• 須菩提！汝若作是念，如來不以具足相故，得阿耨多羅三藐三菩提。須菩提！莫作是念，如來不以具足相故，得阿耨多羅三藐三菩提。

須菩提！如果你聽了如來說法之後就認為，如來在證悟阿耨多羅三藐三菩提時不必成就三十二相，那又偏了。你不應該有這樣的想法，認為如來在證悟阿耨多羅三藐三菩提時不必成就三十二相。為什麼這麼說呢？

如果認為如來只有無相的法身，沒有具足三十二相的色身，也是不對的。雖然法身才是如來的真身，但色身同樣是如來廣修六度、集資培福所成就的。我們說色身不是真身，並不等於要否定色身的價值。如果否定色身的存在，就是偏空的涅槃，是不圓滿的。如來的境界是有體有用的，既有根本智，也有後得智；既有無相的法身，也有有相的報身和化身。所以，《道次第》特別強調「方便與慧，成佛缺一不可」。在菩薩修行的六度中，既有究竟的般若度，也有作為方便行的佈施、持戒、忍辱、精進、禪定前五度。修智慧，可以成就法身；修方便，可以成就報化二身。不能因為色相非真就直接否定色身，那就不是中道見了。

• 須菩提！汝若作是念，發阿耨多羅三藐三菩提心者，說諸法斷滅，莫作是念。

佛陀進一步對須菩提強調說：如果你認為，成佛就意味著什麼相都空了，一切緣起現象都不復存在了，其實是不對的，千萬不要這麼認為。佛陀證悟空性，證悟法身，同時也成就無量福德，成就依報莊嚴。

《金剛經》是一部直接開顯空性的經典，它對緣起現象的否定，是要引導我們認識空性。更準確地說，經中否定的並不是緣起現象本身，而是我們在緣起現象上產生的執著。比如度化眾生，在緣起現象上，在世俗諦上，的確有眾生可度，也有度化眾生的行為。需要否定的，只是我們在此過程中產生的我法二執，產生的我相、人相、眾生相、壽者相。從中觀角度來說，它否定的是自性見；從唯識角度來說，它否定的是遍計所執。對於緣起因果，其實是不否定的。所以，我們不要認為在成佛的修行中沒有緣起，沒有因果。如果這樣的話，佛陀既不能成就圓滿報身，也不能成就清淨法身。

- **何以故？發阿耨多羅三藐三菩提心者，於法不說斷滅相。**

為什麼這麼說呢？佛陀告訴須菩提說：真正發起阿耨多羅三藐三菩提心的人，是不會否定緣起因果的，更不會於法說斷滅相。《金剛經》的修行，一方面反覆告誡我們要認識空性，另一方面也肯定緣起因果的顯現，避免學人因為偏空而撥無因果。也就是說，成佛需要法身與報化二身的共同圓滿，才是有體有用的，才是中道的修行。

5．離相見如來

若見諸相非相，即見如來。（第五　如理實見分）

這句經文出自第五「如理實見分」。《金剛經》多次告訴我們，如果執著什麼就會見不到如來，是通過否定來掃蕩我法二執。反過來說，怎樣才能見到如來呢？關於怎樣見到如來的問題，佛陀在此給出了非常明確的答案。如果我們在面對種種外境時，當下見到一切相的本質就是空性，就能見到如來。

那麼，怎樣才能見到一切相的本質就是空性？首先要通過聞思，瞭解到一切相都是緣起的，無自性的。有了這個認知後，再作空性禪修，在定的基礎上起觀，就能契入實相，見到如來真身。我們面對一切相的時候，往往是以遍計所執去認識，在相上生起我執，生起法執。我們看到的所有相，都是被遍計所執扭曲過的，並非它們的本來面目。由此帶來的煩惱，障礙了我們對真相的認識。

離一切諸相，則名諸佛。（第十四　離相寂滅分）

這句引文，是須菩提聽聞佛陀開解本經義趣後，涕淚悲泣，闡述了一段自己的理解，認為後世眾生如果能信解受持《金剛經》，乃第一稀有，已沒有我、人、眾生、壽者四相。因為「我相即是非相，人相、眾生相、壽者相即是非相」，所以「離一切諸相，則名諸佛」。

當我們對一切相都不染著，沒有遍計所執的干擾，沒有能見和所見的對立，就能於一切相見到空性，見到如來，同時也具備成佛的能力。因為佛陀就是覺者，這種覺悟來自般若智慧。其特點就是朗照無住，在認識一切相的同時，心不染著。就像鏡子，物來則現，物去不留。

這一部分介紹了如何認識佛陀身相的問題，並從「色相非真、有相之身不為大、不以色相見如來、如來具足相好莊嚴、離相見如來」五個方面作了闡述。告訴我們，如來的身相包括色身和法身，其中法身才是如來的真身，所以不能以三十二相見如來。

但我們還要知道，法身也可以透過色身去認識。當我們見到如來色身又不執著於此，那麼在色身的當下即見法身。所以關鍵是不執著於一切相，而不是分別色身和法身。如果執著於色身，那麼色身就是色身，是見不到法身的；如果執著於法身，說諸法斷滅，也是去道遠矣。

《金剛經》為我們開示了怎樣認識佛陀的智慧，事實上，這也是說明我們認識自己的智慧，引導我們探究——我是誰？究竟什麼代表著我？

十一、《金剛經》的信仰——難信之法

對《金剛經》的信仰需要建立在多生累劫的善根之上，六祖慧能的頓悟本心並不是奇蹟，而是宿世善根成熟，一觸即發。

學佛首先要皈依，對佛法僧三寶生起信心，這是整個修學的基礎。佛法是以「信為能入，智為能度」，因為有了信，才能進入佛法之門。用現在的話說，就是拿到學佛的「入場券」。不僅如此，我們對所有佛法知見的接受和實踐，也要建立在信的基礎上。如果沒有信，即使通達經文，也只是學者式的研究，對安身立命沒有多少幫助。

對於《金剛經》這樣的甚深經典，我們的學習和接受，自然也離不開信仰。那麼，本經的信仰到底有什麼特色？我們選擇兩段經文來說明這個問題。

1．信心來自善根

須菩提白佛言：世尊！頗有眾生得聞如是言說章句，生實信不？

佛告須菩提：莫作是說。如來滅後，後五百歲，有持戒修福者，於此章句能生信心，以此為實，當知是人不於一佛二佛三四五佛而種善根，已於無量千萬佛所種諸善根。聞是章句，乃至一念生淨信者，須菩提！如來悉知悉見，是諸眾生得如是無量福德。何以故？是諸眾生無復我相、人相、眾生相、壽者相；無法相，亦無非法相。何以故？是諸眾生若心取相，則為著我人眾生壽者。若取法相，即著我人眾生壽者。何以故？若取非法相，即著我人眾生

壽者。是故不應取法，不應取非法。（第六 正信稀有分）

第六分為「正信稀有分」，說明能對《金剛經》生起正信是稀有難得的，需要具足善根福德因緣，同時還要通達我空和法空。為什麼要達到這樣一個標準？或者說，這是什麼意義上的信？

• 須菩提白佛言：世尊！頗有眾生得聞如是言說章句，生實信不？

須菩提向佛陀請教說：究竟有沒有眾生因為聽到《金剛經》的經文，以及經中闡述的義理而生起真實無偽的信心？這裡所說的「實信」，不是停留在道理上的泛泛信仰，而是有了切身體證的信仰。就像你不僅聽說過蘋果，看見了蘋果，還品嘗過蘋果的滋味。這種有了體證後的信仰，和僅僅因為聽說而產生的信仰完全不同。後者是概念性的信仰，沒有落實到心行，是不真切且沒有力度的，很容易因為種種因緣退轉。前者則是親證後的，是確定、真切、穩固的。

一般的信仰，每個佛弟子多少會有，只是深度不同而已。但只要沒有體證空性，就談不上這裡所說的實信。因為《金剛經》開顯的義理甚深難解，不可思議，所以須菩提對將來是否有人真的能夠理解、接受本經表示懷疑。

• 佛告須菩提：莫作是說。如來滅後，後五百歲。

佛陀告訴須菩提說：你不要認為將來不會有人對此經生起信解。在佛教史上，如來滅度五百年之後，正是般若系經典及龍樹、提婆的中觀思想盛行的時代。研究印度佛教史的人，認為這就是初期的大乘佛教。可以說，關於般若經典的盛行，佛陀在《金剛經》中已經授記過了。

有持戒修福者，於此章句能生信心，以此為實，當知是人不於一佛二佛三四五佛而種善根，已於無量千萬佛所種諸善根。

佛陀滅度後，如果有持戒、修福的佛弟子，能對《金剛經》生起信心，對其中闡述的義理深信不疑，實在是善根深厚。要知道，此人不僅是在一佛、二佛、三佛、四佛、五佛出世時種下善根，在他們座下學習佛法，修福修慧，而是在無量千萬諸佛出世時種下善根，在他們座下精進修學，具足正見。

這段經文說明，對《金剛經》的信仰需要建立在多生累劫的善根之上，要具足福德和智慧資糧。善根越深厚，對本經就越相應。就像六祖慧能，聽人讀誦《金剛經》就心有所悟；再聽五祖為他說「應無所住而生其心」，即於言下頓悟本心。這並不是奇蹟，也不是傳說，而是他宿世積累的善根已經成熟，所以能一觸即發。我們現在雖然也在學，也在修，但這種信仰到了什麼程度？似信非信，還是堅信不疑？自己應該是最清楚的。

• 聞是章句，乃至一念生淨信者。須菩提！如來悉知悉見，是諸眾生得如是無量福德。

淨信，對佛、法、僧、戒生起清淨的信仰。這種信仰，在聲聞乘修行中要初果才能達到，在菩薩乘修行中要見道的淨心地才能成就。如果聽到《金剛經》的經文，當下就能生起清淨而堅定的信仰，對於這樣的人，如來以遍知一切的智慧了知，他們在生起淨信的當下，就能成就無量福德。因為這種淨信是建立在空性基礎上，是無盡的寶藏。由此可見，《金剛經》的信仰標準極高。因為本經開頭就提出，發勝義菩提心的菩薩應該怎麼修行，它的起點不是世俗菩提心，它的信仰也不是普通的信仰。

以上所說的主要是持戒修福，偏於福德資糧。但僅有福德資糧，不足以對甚深的般若法門生起勝解，還需要智慧資糧。所以佛陀接著說明，對本經生起淨信，在見地上要達到什麼標準。

• 何以故？是諸眾生無復我相、人相、眾生相、壽者相；無法相，亦無非法相。

非法相，對空的執著。為什麼說對《金剛經》生起一念淨信能成就無量福德？因為凡是能生起淨信者，已不再是普通的凡夫，而是證悟了空性，不再有我相、人相、眾生相、壽者相。更重要的是，他們既沒有對法相的執著，也沒有對空的執著。

這裡所說的法相，指一切認識對象。凡夫往往會在這些現象上生起遍計所執，執美醜，執善惡，執貴賤，執為真實有。或是偏向另一個極端，對空生起執著，撥無因果，這也不是中道正見。必須遠離我執、法執和空執，才能對《金剛經》生起淨信。

否則，或是於所緣對象生起我執，比如執著身體為我；或是於所緣對象生起法執，比如執著家庭、財富、事業、地位等為實有。另一種情況是，在聞思佛法後，看到財富、地位、家庭等有為法的虛妄不實，逐漸放下對世間的種種執著，卻把執著轉向三寶，執著佛法義理，執著修行目標，執著宗教生活，執著寺院環境，執著佛教事業，等等。如果這樣的話，只是轉變了執著對象而已，「執著」本身並沒有動搖。

所以對本經的信仰不僅要破我執，還要破法執；不僅要掃除對有的執著，還要掃除對空的執著；不僅要放棄對世間的執著，還要放棄對佛法的執著。執著法固然不行，執著空同樣不行，所謂我空、法空、空空。真正能心無所住的時候，智慧才得以開顯。

有位藏傳大德曾經說過：「若執著此生，則非修行者。若執著世間，則無出離心。執著己目的，不具菩提心。當執著生起，正見已喪失。」不論所執著的是有還是空，從執著來說，都是一樣的，都是證悟實相的障礙。真正的正見，必須超越一切執著。就像在眼睛裡，不論金子或砂子都是多餘的，都要去除。

• 何以故？是諸眾生若心取相，則為著我人眾生壽者。若取法相，即著我人眾生壽者。

為什麼要超越一切執著？只要我們內心還執取某種相，就會成為我執建立的基礎，就會落入我相、人相、眾生相、壽者相。同樣，只要我們還執著法相，不論執著世間法還是佛法，不論執著住持三寶還是化相三寶，都會落入我相、人相、眾生相、壽者相。

• **何以故？若取非法相，即著我人眾生壽者。**

為什麼呢？那執著空相行不行呢？同樣不行。哪怕執著空相，也會落入我相、人相、眾生相、壽者相。當然，這個空是偏空或頑空，不是正見空性實相。佛法講無我，主要是為了掃除我執；講法空，主要是為了掃除法執。但如果執著空，可能比我法二執更可怕，因為它更難以察覺，難以對治。

所以龍樹菩薩在《中論》說：「大聖說空法，為離諸見故。若復見有空，諸佛所不化。」佛陀講空的目的，是說明我們遠離對各種法的執著。如果轉而執著空，認為什麼都沒有，那麼諸佛都難以對你進行教化。《大乘入楞伽經》也說：「寧起我見如須彌山，不起空見懷增上慢。」如果一個人持斷滅見，認為一切皆空，就可能撥無因果，無所不為，結果將比執有可怕得多。

• **是故不應取法，不應取非法。**

所以說，我們不該執著一切法，同時也不該執著於空。或者說，佛法是指八正道，非法是指佛法以外的世間法，那就是既不執著佛法，也不執著世間法。總之，一切都不可以執著。

2．稀有難信之法

爾時，須菩提聞說是經，深解義趣，涕淚悲泣，而白佛言：稀有，世尊！佛說如是甚深經典，我從昔來所得慧眼，未曾得聞如是之經。世尊！若復有人得聞是經，信心清淨，則生實相。當知是人成就第一稀有功德。世尊！是實相者，則是非相，是故如來說名實相。世尊！我今得聞如是經典，信解受持不足為難，若當來世，後五百歲，其有眾生得聞是經，信解受持，是人則為第一稀有。何以故？此人無我相、人相、眾生相、壽者相。所以者何？我相即是非相，人相、眾生相、壽者相即是非相。何以故？離一切諸相，則名諸佛。佛告須菩提：如是！如是！若復有人得聞是經，不驚、不怖、不畏，當知是人甚為稀有。何以故？須菩提！如來說第一波羅蜜，即非第一波羅蜜，是名第一波羅蜜。（第十四　離相寂滅分）

以上經文出自「離相寂滅分」，說明《金剛經》是稀有難信之法。

- 爾時，須菩提聞說是經，深解義趣，涕淚悲泣，而白佛言。

此時，須菩提尊者聽聞佛陀講述《金剛經》的甚深見地後，深深領悟到般若法門的殊勝，心有所感，涕淚橫流，向佛陀報告自己的心得。此處的「悲泣」不是難過，而是被這種聞所未聞的妙法震撼並攝受。

• **稀有，世尊！佛說如是甚深經典，我從昔來所得慧眼，未曾得聞如是之經。**

須菩提尊者感慨說：世尊，這實在是太稀有難得了！佛陀所說的如此甚深的法義，雖然我於往昔已曾具足慧眼，但從來沒有聽過如此直接、微妙而殊勝的開示。

須菩提是證果的阿羅漢，對空性不是沒有體悟，但佛陀並不是每次說法都像這樣直截了當，有時也會根據聽眾根機作方便說。所以連解空第一的須菩提尊者，也覺得聞所未聞。佛陀在本經所講的空性，處處都是直指，而不是先給你一根拐杖。正相反，他把你之前的所有拐杖統統扔掉。聲聞教法講到無常苦空，通常是漸次而行，有個逐步取代的過程。而金剛般若法門對每個法的詮釋，不論度眾生還是莊嚴佛土，都是讓學人直接體認空性。

• **世尊！若復有人得聞是經，信心清淨，則生實相，當知是人成就第一稀有功德。**

須菩提尊者接著讚歎說：世尊，如果有人聽聞金剛般若法門之後，對這些知見生起清淨如實的信心，當下就能超越能所的二元對立，契入空性實相。正因為這樣，此人將成就最為稀有的功德。

• 世尊！是實相者，則是非相，是故如來說名實相。

須菩提尊者這番話，正是佛陀在《金剛經》中反覆宣說的「三句式」。因為前面說到證悟實相為第一稀有功德，尊者唯恐有人聽到後產生執著，想像這個實相究竟是空、是有，還是七寶莊嚴，所以立刻加以掃除，向佛陀報告說：所謂實相，其實是沒有任何相的。正因為它沒有任何相，佛陀才將之稱為實相。這也是《六祖壇經》所說的「無念為宗，無相為體，無住為本」。實相就是以無相為體，超越了有相，也超越了空相。如果想著實相是什麼樣，它就不是實相了。這樣就不會留下任何執著點，避免聞者落入有所得中。

• 世尊！我今得聞如是經典，信解受持不足為難。

須菩提又進一步向佛陀報告自己的體會說：世尊，我現在聽聞《金剛經》之後，能信解、接受並依法實踐，並不是太困難的事。因為須菩提尊者是證果的阿羅漢，對空性已有體證，所以他雖是第一次聽聞這些法義，受到極大震撼，但並沒有超出他的理解範疇。

• 若當來世，後五百歲，其有眾生得聞是經，信解受持，是人則為第一稀有。

但須菩提尊者由此聯想到：在佛滅度後五百年乃至更久，如果有眾生聽聞金剛般若法門後，能如實信解，依法實踐，此人才是最為稀有難得的上根利智。

• 何以故？此人無我相、人相、眾生相、壽者相。

為什麼這麼說？因為此人已經沒有我相，沒有人相，沒有眾生相，也沒有壽者相。換言之，當我們還有我法二執，就不可能對此生起信解。當然，這裡所說的不是一般的信，而是淨信，是以清淨心和空性慧體認的，沒有夾雜任何迷惑。而我們現在的信，可能僅僅因為這是佛陀所說，似乎沒理由不相信，但內心並不是真正相應。否則的話，我們也會像須菩提尊者一樣深受震撼，涕淚悲泣。

• 所以者何？我相即是非相，人相、眾生相、壽者相即是非相。

須菩提尊者繼續向佛陀報告說：之所以這麼說，因為我相是空的，人相、眾生相、壽者相也是空的。正因為我、人、眾生、壽者四相都是因緣和合的，那我們在這些假相上建立的執著，更是一種虛妄的錯誤認定，事實上根本就不存在。就像我們在黑暗中把繩子誤以為蛇，這條蛇只是我們想像中的，是一場誤會而已，從來不曾存在過。

• 何以故？離一切諸相，則名諸佛。

在這一段中，須菩提尊者連續使用「何以故」、「所以者何」，都是為了說明後世弟子聽聞《金剛經》後能生起淨信的稀有難得，又以最後這句話最見分量：能夠證悟離相的智慧，看清一切相都是因緣和合的，其本質空無自性，這種觀照力是覺性的作用，也是成佛的潛質。

凡夫所以執著我相乃至壽者相，是代表生命中無明和不覺的狀態。因為無明，使我們迷失了自己。又因為迷失，使我們將種種非我的顯現執以為我——執著身體為我，執著地位為我，執著財富、名聲、種族等等為我。進而產生法執，或是執著有，或是執著空。所有這些執著都是無明的產物。修行，就是要了知一切相的本質是空性。有了這樣一種認知，才能斷除執著，使本具的覺性顯現出來。

• **佛告須菩提：如是！如是！若復有人得聞是經，不驚、不怖、不畏，當知是人甚為稀有。**

佛陀對須菩提的心得作了肯定：的確是這樣的。如果有人聽聞金剛般若法門後，對一切法空的真相不感到驚訝和恐慌，也不由此產生畏懼，說明此人實在是善根深厚，極為難得。

對於佛弟子來說，每天禮佛、學佛、念佛，希望成就佛果，沒想到佛陀卻說：如來得阿耨多羅三藐三菩提，實無所得；如來的身相並不是如來，若以色和音聲見如來，就是在行邪道；如來四十五年說法，實無所說，若認為如來有所說法就是在謗佛……如果你深入思考一下，真的理解嗎？真的能接受嗎？真的對修行沒有困惑和懷疑嗎？多數人可能覺得，佛經那麼說，我們聽著就是了。其實那是法不入心的表現，因為隔著一層，所以沒有受到觸動。

・何以故？須菩提！如來說第一波羅蜜，即非第一波羅蜜，是名第一波羅蜜。

為什麼這麼說呢？佛陀接著為須菩提開示說：如來說金剛般若法門是第一波羅蜜，即最高法門。但這些說法只是一種方便，是不可以執著的。因為第一波羅蜜乃假名安立，並非真的存在一個叫作「第一波羅蜜」的東西。這是進一步開示一切法空的原理。

《心經》說：「般若波羅蜜多是大神咒，是大明咒，是無上咒，是無等等咒。」《金剛經》也說，般若法門是「如來為大乘者說，為最上乘者說」，是引導我們走向彼岸的最高法門。凡夫聽了這些說法之後，可能會因此執著這個無上或最上乘。事實上，學佛人之間往往會出現宗派之爭，認為我學的法門比你殊勝，比你究竟。既然我這個是第一，你那個必然是第二，甚至更低。

其實佛陀說每一部經典時，為了讓弟子們對此經生起信心，都會大加讚歎。這種讚歎的目的，不是讓我們去比較第一第二，更不是佛陀為了做廣告，想怎麼說就怎麼說。而是對於不同眾生，都有最適合他們的「第一」。所以，法門的好與不好，關鍵還在於實用，在於對機，所謂「是法平等，無有高下」。如果不具備足夠的根機，即使有緣聽聞金剛般若法門，也是修不起來的。那麼，「最高、最究竟」就像英雄無用武之地那樣，是起不到多少作用的。總之，一個法能發揮多少作用，不在於法本身，而是取決於我們理解了多少，運用了多少。話說回來，即使現在根機不夠，每天誦一誦也挺好，至少可以種種善根，結個法緣。

所以說，我們不必執著般若法門的至高無上，最為第一，因為這些也是緣起的假相。當我們說第一的時候，其實是在建立一個參考點，但真正的空性是超越這些的。在空性中，沒有中心點，沒有參考點，也沒有目標。所謂的第一第二，是從世俗諦的層面而言，是假名安立的。而佛陀說《金剛經》是直示空性，如果我們停留在對第一第二的執著中，是無法契入的——這就說明你的內心還有標準，還有參考點，而這只是凡夫的妄想而已，是與道不相應的。

十二、聖賢的果位——佛果無得

所有的「希望」，都來自有所得的心，而這恰恰是通達空性的障礙。一無所有，是「無所得」；萬法具足，應有盡有，也是「無所得」。

世人做任何事都要有結果。如果明知沒有結果，多半是沒人去做的。對結果的需要，和我們的心有關，因為它是有所得的心，是無明的產物。因為無明，我們迷失了自己，所以對生命產生種種錯誤認定，進而在此之上建立自我。但這個「我」其實是不存在的。

每個人都很關注自己，可究竟「我是誰」？什麼代表著「我」？我們把身體當作是我，把財富當作是我，把地位當作是我，把家庭當作是我，把身分當作是我……由這樣一些執著，形成自我存在的支撐點。每一種支撐，又會發展出某種需求，不斷向外抓取。所以，我們沒辦法讓自己老老實實地呆著，總要忙些什麼，總想得到什麼，這就是凡夫的特點。

如果讓自己停下來，不做什麼，只是靜靜地面對自己，對很多人來說特別難。因為我們的內心總會冒出一些念頭，這些念頭此起彼伏，只有不停地忙著，才覺得比較踏實。或者說，總要追求些什麼，才覺得活著有意義，有價值。如果不做點什麼，我們就會覺得無聊，覺得活著沒價值。問題是，我們忙的這些事本身有什麼價值呢？為什麼會這樣？還是有所得的心在作怪。因為忙碌讓我們覺得充實，覺得有成就感，讓我們在時光的流逝中不那麼恐慌。

學佛後，我們也會把這種有所得的心帶到修學中，希望得到加持，希望明心見性，希望證悟果位。打坐時，希望見光，見神通，見佛菩薩，見種種境界……所有這些希望，都來自有所得的心，而這恰恰是通達空性的障礙。

金剛般若法門的殊勝就在於，不僅解除我們對世間的執著和追求，同時也解除在修學上建立的執著和追求。對於學佛者來說，終極的執著，就是對成佛的執著。《金剛經》正是從這裡加以否定，通過否定對成佛的執著，來否定有所得的心，引導我們成就無所得的智慧。

1．無有定法名阿耨多羅三藐三菩提

須菩提！於意云何，如來得阿耨多羅三藐三菩提耶？如來有所說法耶？須菩提言：如我解佛所說義，無有定法名阿耨多羅三藐三菩提，亦無有定法如來可說。何以故？如來所說法，皆不可取，不可說，非法非非法。所以者何？一切賢聖皆以無為法而有差別。（第七　無得無說分）

第七分為「無得無說分」，說明沒有定法名阿耨多羅三藐三菩提，也沒有定法如來可說。

- 須菩提！於意云何，如來得阿耨多羅三藐三菩提耶？如來有所說法耶？

佛陀問須菩提：根據你所理解的，如來是不是證悟了阿耨多羅三藐三菩提？是不是在成佛後不斷地說法度眾生？就像生活中，我們讀書得到一個什麼文憑，畢業後得到一份什麼工作。同樣，我們也會將這種世俗心帶入修行，認為會得到某個結果。以上兩個問題中，我們側重談第一個，第二個下面會專門說到。

• 須菩提言：如我解佛所說義，無有定法名阿耨多羅三藐三菩提，亦無有定法如來可說。

須菩提尊者回答說：根據我所理解的，在佛陀所說的法義中，並沒有什麼特定的內容或形式，叫作阿耨多羅三藐三菩提。因為空性是超越一切形式的，既沒有能得，也沒有所得。佛陀以空性慧證悟空性，但這並不是兩個東西，而是體和用的關係。其中沒有能觀的智慧，也沒有所證的境界。

• 何以故？如來所說法，皆不可取，不可說，非法非非法。

為什麼沒有定法是如來所說的呢？這裡所說的「法」，不是指普通的教法，而是空性。空性是不可取、不可說的，不能用二元對立的心證悟，必須以無所得的智慧體認。而且它是超越語言文字的，既不是有的，也不是空的，不能用任何方法去表示，所謂「言語道斷，心行處滅」。必須超越能所，超越語言和思惟，才能通達空性。

• 所以者何？一切賢聖皆以無為法而有差別。

無為法是相對有為法而言。有為法是緣起的，有生滅，有造作。而無為法不是緣起的，是超越生滅和造作的。

須菩提尊者繼續向佛陀報告：為什麼說阿耨多羅三藐三菩提實無所得？因為它是無為法，是由無造作的智慧證悟的，而不是來自有所得的心。事實上，一切賢聖都要證悟無為法，只是所證深淺有別而已。須菩提是阿羅漢，對空性的證悟雖然沒有佛陀那麼圓滿，但畢竟已經證悟。也就是說，三乘聖者的相同之處是證悟空性，所謂「三乘同坐解脫船」。不同則是所證圓滿與否，正如《優婆塞戒經．三種菩提品》所說：「如恆河水，三獸俱渡，兔、馬、香象。兔不至底，浮水而過；馬或至底，或不至底；象則盡底。恆河水者即是十二因緣河也，聲聞渡時猶如彼兔，緣覺渡時猶如彼馬，如來渡時猶如香象，是故如來得名為佛。」

如何證悟空性？《般若經》講到三種般若，即文字般若、觀照般若、實相般若。首先是通過對文字般若的聞思獲得正見，再依正見修習觀照般若。開始階段的觀照是有造作的，需要對所緣保持覺知，並讓這種專注持續、穩定地發展，從而獲得定力。當定力達到一定程度，再在定的基礎上不斷作觀，內在的無分別智就會顯現出來，此為實相般若。這種智慧也叫俱生智，是般若之體，是沒有造作的。

三乘聖賢的差別，就在於對空性的體認是否圓滿。相對佛陀來說，聲聞或菩薩的體認都不曾圓滿。《法華經》說，諸佛世尊以一大事因緣出現於世，就是為了開示眾生悟入佛的知見。這個佛的知見，就是每個眾生內在本具的般若智慧。千經萬論所指向的，都是這個重心。

凡夫是有所得的，在學佛之前，我們會帶著有所得的心去生活、去工作。學佛之後，同樣會帶著有所得的心，希望證悟各種境界，乃至成就佛果。這似乎是人之常情。問題是，通過有所得的心，究竟能不能完成修行目標？事實上，如果有所得，心用錯了，得到的一定是妄想塵勞，而不是我們期待的結果。只要不改變這種用心方式，永遠不可能和無上佛果相應。這是《金剛經》給我們的重要修行啟示，告訴我們：即使我們所成就的無上菩提，也是了不可得的。

這又引發了另外的問題：修行成就的「無所得」，和我們平時理解的「沒有任何結果」是否一樣？如果一樣，不是白忙一場嗎，那要修行幹什麼？如果不一樣，差別究竟在哪裡？

要知道，修行成就的「無所得」，是指超越能所、超越一切二元對立的智慧。這種空性慧，正是《心經》所說的「無智亦無得」，沒有能得，也沒有所得；也是《壇經》所說的「無念為體」，須心不染著，在一念未生前去認識。進一步說，空性慧和證悟空性是一體的，是體和用的關係，所謂「境智一如」。這種智慧是圓滿的，安住其中，一切也是本來圓滿的，不需要任何外在支撐。所以六祖在悟道時說：「何期自性，本自具足。」

過去那些生活在水邊林下的禪者們，雖然生活清貧，甚至一無所有，但內心並不覺得缺少什麼。因為他的存在就是整個世界，不需要什麼來支撐。而有所得的心是建立在我執基礎上，當我們把自己和世界對立起來，就要向外攀緣，支撐這個被分割、被孤立的「我」。

所以，世人需要不斷地追求事業，追求感情，追求吃喝玩樂，通過這些追求讓自己覺得踏實，覺得有奔頭。一旦沒有支撐，就覺得無所事事，難以安住。其實，這種支撐並不能從根本上解決問題。不論物質世界發展得多快，永遠跟不上欲望的發展，也不足以支撐需求的增長。這種有所得的心越發達，對外在環境的依賴就會越多，潛在的不安全感也就越多。

而修行成就的「無所得」是智慧，是心行狀態，並不是什麼結果都沒有。一無所有，是「無所得」；萬法具足，應有盡有，也是「無所得」。

2．佛果無所得

須菩提！於意云何？如來於燃燈佛所，有法得阿耨多羅三藐三菩提不？不也，世尊！如我解佛所說義，佛於燃燈佛所，無有法得阿耨多羅三藐三菩提。佛言：如是！如是！須菩提！實無有法如來得阿耨多羅三藐三菩提。須菩提！若有法如來得阿耨多羅三藐三菩提者，燃燈佛則不與我授記：汝於來世當得作佛，號釋迦牟尼。以實無有法得阿耨多羅三藐三菩提，是故燃燈佛與我授記，作是言：汝於來世當得作佛，號釋迦牟尼。何以故？如來者，即諸法如義。

若有人言：如來得阿耨多羅三藐三菩提。須菩提！實無有法，佛得阿耨多羅三藐三菩提。須菩提！如來所得阿耨多羅三藐三菩提，於是中無實無虛。是故如來說：一切法皆是佛法。須菩提！所言一切法者，即非一切法，是故名一切法。（第十七　究竟無我分）

第十七分為「究竟無我分」。其中，佛陀向須菩提講述了他過去生的修學經歷。當年燃燈佛教化時，釋迦佛在其座下聞法修行，並得到授記：「汝於來世當得作佛，號釋迦牟尼。」這是燃燈佛對他作的一個資格認定。前面說到，沒有定法名阿耨多羅三藐三菩提，那燃燈佛為什麼要為他授記呢？不是前後矛盾嗎？

- 須菩提！於意云何？如來於燃燈佛所，有法得阿耨多羅三藐三菩提不？

佛陀問須菩提說：你認為如何，當年如來在燃燈佛座下修行，是否得到一個名為「阿耨多羅三藐三菩提」的法？現在說到認定，通常會得到一個證書或法卷，所以在我們的印象中，總要有點什麼才能作為證明。那麼，燃燈佛給釋迦牟尼傳了什麼呢？再如禪宗的傳法，是不是老師傳個什麼，然後學生得個什麼呢？

- 不也，世尊！如我解佛所說義，佛於燃燈佛所，無有法得阿耨多羅三藐三菩提。

須菩提尊者回答說：不是這樣的，世尊。根據我對佛陀所說法義的理解，佛陀當年在燃燈佛座下修學時，並沒有得到一個叫作阿耨多羅三藐三菩提的法。這個理解，既來自佛陀對空性的開示，也體現了須菩提尊者對空性的證悟。

• 佛言：如是！如是！須菩提！實無有法如來得阿耨多羅三藐三菩提。

佛陀對須菩提的回答表示肯定：的確是這樣的，確實沒有什麼法叫作阿耨多羅三藐三菩提，也沒有什麼是佛陀得到的。佛陀成就無上正等正覺時，並不是得到什麼，而是成就了「無所得」。

• 須菩提！若有法得阿耨多羅三藐三菩提，燃燈佛則不與我授記：汝於來世，當得作佛，號釋迦牟尼。

佛陀接著為須菩提開示說：如果我當年在燃燈佛座下得到什麼法，認為這就是阿耨多羅三藐三菩提，那麼燃燈佛就不會為我授記：你將來會成就佛果，號釋迦牟尼。為什麼？如果佛陀覺得自己得到什麼，或是見到光，見到相……只要有任何一點什麼，只能說明自己仍是凡夫，尚未成就無所得的智慧。

• 以實無有法得阿耨多羅三藐三菩提，是故燃燈佛與我授記，作是言：汝於來世當得作佛，號釋迦牟尼。

正因為佛陀已成就無所得的智慧，體認到沒有任何一法可以叫作阿耨多羅三藐三菩提，所以燃燈佛才印證了他的見地，為他授記說：你在來世能夠成佛，號釋迦牟尼。

- 何以故？如來者，即諸法如義。

為什麼呢？佛陀進一步為須菩提開示說：所謂如來，就是諸法的如實義，如實相。佛陀因為體認到諸法實相，所以不再陷入五欲六塵，在生死中來去自在。這種無住、無所得的能力，正是如實智的作用。修行是不斷遣除執著、開啟智慧的過程，一旦證悟空性，就真正開啟了如實智。

- 若有人言：如來得阿耨多羅三藐三菩提。須菩提！實無有法，佛得阿耨多羅三藐三菩提。

接著，佛陀再次強調了無所得的內涵：如果有人說佛陀得到了阿耨多羅三藐三菩提，那麼你要知道，沒有任何法，是佛陀得到的阿耨多羅三藐三菩提。在無所得的智慧中，當下就沒有能得和所得，絕不是凡夫意義上的得到什麼。

- 須菩提！如來所得阿耨多羅三藐三菩提，於是中無實無虛。

在如來得到的阿耨多羅三藐三菩提中，是無實無虛、非空非有的。因為它不是以某種特定形式存在的，不是一種真實的有，但也不是什麼都沒有。如果認為它真實存在，就會落入常見；如果認為什麼都沒有，又是一種頑空。它超越了空，也超越了有。如果不具備無所得的心，就無法體會無所得的智慧究竟是什麼。

人多半是活在念頭中，每個念頭都代表有所得的心，並有相應的影象作為念頭存在的支撐點。所以，每個念頭都會尋求、追逐並執著與之相應的影象，都有能和所兩方面。「能」是念頭本身的需求，「所」是念頭需求的對象。我們已經習慣於有能有所，習慣於有所得。

想一想，如果我們跳出念頭，不再陷入其中，這時的心是什麼狀態？我們有沒有辦法體會？當心不再陷入念頭，就會超越二元對立，超越一切差別，像虛空一樣空曠無邊，但又有了了明知的作用。這種作用既不是空也不是有，所以說，阿耨多羅三藐三菩提是無實無虛，非空非有的。

• 是故如來說：一切法皆是佛法。

所以如來告訴我們，一切法都是佛法。因為這種智慧是無所不在、遍一切處的，正是在這個意義上，說一切法都是佛法。

《解深密經・勝義諦相品》說，勝義諦具備四個特徵。第一是離言無二相，離言是超越語言，無二是超越相對；第二是超尋思所行相，對空性的認識要超越思惟，以無分別的智慧去認識；第三是非一異性相，說明空性和一切現象的關係是不一不異的，如樂器和樂器發出的聲音，木頭和木頭燒出的火，既不能說是一，也不能說是異；第四是遍一切一味相，空性是遍一切處的，我們見聞覺知的一切，從世間萬象到山河大地、宇宙萬有，都蘊含著空性。

但我們要知道，一切法都是佛法，並不是說基督教也是佛法，世間法也是佛法，這樣理解就錯了。其內涵在於，一切法的本質都是空性。正因為如此，在行住坐臥中，在待人接物中，在語默動靜中，在一切時一切處，都可以體認佛法。只要具備空性慧，任何一個當下都能體認空性。

在禪宗公案的記載中，那些祖師的悟道因緣真是形形色色，或是被大喝一聲，或是嗅到了梅香，或是聽到首小曲，結果就在那個當下開悟了。因為空性是無所不在的，所以才有「青青翠竹，無非般若；鬱鬱黃花，無非中道」之說。否則翠竹怎麼會是般若，黃花和中道又有什麼關係？因為無處不在，所以隨處可以體認，而不是必須在禪堂中，在法座上。當然，開悟一定離不開之前的座上功夫。正因為功夫用到家了，並且綿綿密密，從不空過，才能延續到座下，在某個契機被一擊而中，豁然開朗。

這也說明，我們能看到什麼樣的世界，關鍵是在認識本身，而不是在認識對象。學佛，是通過聞思經教樹立正見，以此替代我們原有的、由無明我執建立起來的錯誤認識。

只有看清世界真相，才能體會到，一切法都是佛法。所以天台宗認為，無情也能說法。你看外邊春夏秋冬、花開花落、雲捲雲舒，哪一個不是在說法？都在給我們說無常法，說無我法，說苦，說空，關鍵是你能不能領會。如果具備智慧，隨時隨地都能聽到佛法。否則，即使聽的是佛法開示，也只是增長一點知識而已，照樣是用不起來的。

• 須菩提！所言一切法者，即非一切法，是故名一切法。

佛陀知道眾生往往偏執一端，說一切法都是佛法，就會對此生起執著，認為既然如此，那也不用修行，不用改變什麼了。事實上，凡夫看到的一切都是無明、妄想、顛倒，都是自我、輪迴、生死，哪有一點佛法？只有在智慧透視下，一切法才是佛法，而不是在無明狀態下的所知所見。這個前提是不容忽略的。所以佛陀進一步為須菩提開示說：所謂一切法，也是因緣假相，是無自性的，其本質就是空性。我們現在所說的一切法，只是假名安立而已。

學習《金剛經》，要瞭解到一切法的本質就是空性。如果不具備這個認知，就會在一切法上生起我執和法執。這就意味著，一切法都會成為輪迴之因，而非解脫之因。雖然說一切法的本質是空性，但也不妨礙緣起因果的顯現。反過來說，在緣起有的當下，其本質就是空的，並不是在事物敗壞、毀滅後才是空，這種空是當體即空。

須菩提白佛言：世尊！佛得阿耨多羅三藐三菩提，為無所得耶？

佛言：如是，如是。須菩提！我於阿耨多羅三藐三菩提，乃至無有少法可得，

是名阿耨多羅三藐三菩提。（第二十二　無法可得分）

第二十二分為「無法可得分」，再次對佛果無所得的問題作了強調。

- **須菩提白佛言：世尊！佛得阿耨多羅三藐三菩提，為無所得耶？**

須菩提請教佛陀說：佛得阿耨多羅三藐三菩提，真是無所得嗎？因為這個觀念與常人的認識完全相違，所以須菩提和佛陀一再地往來確認，同時也為後世佛弟子們反覆解讀這一甚深見地。

- **佛言：如是，如是。須菩提！我於阿耨多羅三藐三菩提，乃至無有少法可得，是名阿耨多羅三藐三菩提。**

佛陀回答須菩提說：是這樣的，在我成就的阿耨多羅三藐三菩提中，是沒有一法可得的。正因為佛陀成就了無所得的心，超越了能得所得，才能稱為阿耨多羅三藐三菩提。否則的話，哪怕有一念認為，我證悟了佛果，成就了無上菩提，也是不究竟的，只能說明還未證悟。

3・聲聞果無得無證

須菩提！於意云何？須陀洹能作是念：我得須陀洹果不？須菩提言：不也，世尊！何以故？須陀洹名為入流，而無所入，不入色聲香味觸法，是名須陀洹。

須菩提！於意云何？斯陀含能作是念：我得斯陀含果不？須菩提言：不也，世尊！何以故？斯陀含名一往來，而實無往來，是名斯陀含。

須菩提！於意云何？阿那含能作是念：我得阿那含果不？須菩提言：不也，世尊！何以故？阿那含名為不來，而實無不來，是故名阿那含。

須菩提！於意云何？阿羅漢能作是念：我得阿羅漢道不？須菩提言：不也，世尊！何以故？實無有法名阿羅漢。世尊！若阿羅漢作是念：我得阿羅漢道，即為著我人眾生壽者。世尊！佛說我得無諍三昧，人中最為第一，是第一離欲阿羅漢。我不作是念：我是離欲阿羅漢。世尊！我若作是念：我得阿羅漢道，世尊則不說須菩提是樂阿蘭那行者。以須菩提實無所行，而名須菩提是樂阿蘭那行。（第九　一相無相分）

第九分為「一相無相分」，說明如何看待聲聞果位的問題。《金剛經》說，一切賢聖皆以無為法而有差別。也就是說，三乘聖賢之所以能證果，都是因為體認到無為法。但對無為法體認有深淺不同，所以果位也有高低不同。

聲聞有四果，分別是初果須陀洹、二果斯陀含、三果阿那含、四果阿羅漢。四果聖者在體認空性上是相同的，但在斷惑深淺上不一樣。聲聞的修行主要是斷除見惑和思惑。見惑代表知見上的迷惑。凡夫因為無明，不能正確認識自己和世界，不能認識其中的空性本質，從而形成誤解，如六種根本煩惱中的身見、邊見等。此外還有思惑，是因見惑發展出的錯誤思惟，進而導致貪嗔癡種種煩惱。見惑和思惑是製造輪迴的基礎，也是解脫道修行必須斷除的。根據斷惑程度的不同，形成四種果位的差別。佛陀和須菩提尊者是如何解讀這四種果位的呢？

- 須菩提！於意云何？須陀洹能作是念：我得須陀洹果不？

佛陀問須菩提說：根據你的認識，初果聖者須陀洹能否認為，我得到了「須陀洹」這樣一個果位？就像世間的人覺得，我取得了某個學歷，得到了某個職稱？

- 須菩提言：不也，世尊！何以故？

須菩提尊者回答說：不能這麼認為，世尊。為什麼呢？因為世人是以有所得的心，以為有能得和所得，而聖者超越了能得和所得。當須陀洹證悟聖道聖果時，沒有我也沒有法。在空性中，一切能所都了不可得，自然不可能存在「我得到什麼」的認知。如果還有作為「能得」的我，有我「所得」到的，根本不可能證悟須陀洹果。

・須陀洹名為入流，而無所入。

須陀洹名為入流，或叫預流，意為進入法性之流。從世俗諦來說，這個過程是從二元對立進入空性海洋，從有漏狀態進入無漏狀態，從凡夫狀態進入聖賢狀態，是在完成生命的切換，有入與不入的分別。但在空性層面，超越了對待，超越了入與不入的差別，無所謂來去，也無所謂出入。所以，「入流」只是世俗諦的假名安立，在勝義諦是「無所入」的。

・不入色聲香味觸法，是名須陀洹。

初果聖者斷除了三界見惑，看到諸法實相，對生命不再有迷惑，對世界也不再有迷惑。他安住於空性，心不再陷入對色聲香味觸法的執著。凡夫因為心有所得，只要面對六塵境界，就會不由自主地被吸附上去，彷彿磁鐵遇到鐵一樣。而證悟空性後，就像磁鐵被消了磁，面對任何境界都不再被吸附，被糾纏。這樣的見道聖者，就被稱為「須陀洹」。

• 須菩提！於意云何？斯陀含能作是念：我得斯陀含果不？

佛陀又問須菩提說：在你的認識中，二果聖者斯陀含能不能認為，我得到了斯陀含這樣一個果位？

• 須菩提言：不也，世尊！何以故？斯陀含名一往來，而實無往來，是名斯陀含。

須菩提尊者回答說：不能這麼認為，世尊。為什麼呢？斯陀含又名一往來，意思是，他已斷除欲界修所斷惑的六品，還有下三品，需要到天上人間再受生一次，即可證悟阿羅漢果，不再輪迴。但這個一往來是從世俗諦而言，需要經歷一次生死旅程。在空性意義上，是不存在來去的，所謂的來去只是因緣假相而已。這樣的聖者就被稱為「斯陀含」。

• 須菩提！於意云何？阿那含能作是念：我得阿那含果不？

佛陀問須菩提說：在你的認識中，三果聖者阿那含能不能認為，我得到了阿那含這樣一個果位？

• 須菩提言：不也，世尊！何以故？阿那含名為不來，而實無不來，是故名阿那含。

須菩提尊者回答說：不能這樣認為，世尊。阿那含又名不來，因為他已斷盡欲界修惑，不需要再輪迴生死了。這個來與不來，也是從世俗諦而言。在空性層面，其實沒有來也沒有不來。因為來與不來都是相對的，只是顯現的因緣假相。這樣的聖者就被稱為「阿那含」。

• **須菩提！於意云何？阿羅漢能作是念：我得阿羅漢道不？**

佛陀進一步問須菩提說：在你的認識中，作為四果聖者的阿羅漢，他們能否認為，我已經得到了阿羅漢果？

• **須菩提言：不也，世尊！何以故？實無有法名阿羅漢。**

須菩提尊者回答說：不能這麼認為，世尊。為什麼呢？就空性而言，並沒有阿羅漢這樣一個身分。因為在空性的層面，佛和眾生是平等無別的，所謂「心、佛、眾生三無差別」，哪還有這樣那樣的身分？《金剛經》處處立足於空性說法，在勝義諦上，沒有須陀洹，沒有斯陀含，沒有阿那含，自然也沒有阿羅漢的存在。

• **世尊！若阿羅漢作是念：我得阿羅漢道，即為著我、人、眾生、壽者。**

須菩提尊者繼續向佛陀闡明他的認識：如果阿羅漢認為，我已經證悟阿羅漢果，說明他還有我相、人相、眾生相、壽者相，還是在有所得的狀態中，那就沒有真正證悟阿羅漢果。

從世俗諦而言，根據證悟空性的層次，會有初果乃至四果的區別。就像我們去測量大海的深度，可以說這個點是一百米、兩百米或五百米，這是我們安立的標誌。但從海洋本身來說，並沒有一百米、兩百米的名稱。再如我們把海域分為東海、南海、西海、北海，但大海本身也不存在東西南北的差別。所有這些概念，都是人們為某種需要建立的。這些聖者的名稱，也是佛陀為說法度生的需要而安立的。在佛菩薩體認到的空性中，並沒有這些概念和差別。

・世尊！佛說我得無諍三昧，人中最為第一，是第一離欲阿羅漢。

無諍，不與任何眾生發生諍鬥，屬於慈悲的修行。離欲，即沒有煩惱。須菩提尊者又從自身修證繼續闡發：佛陀肯定了我的修行，認為我已證悟無諍三昧，這方面的境界達到人道中的第一，被稱為「第一離欲阿羅漢」。這是佛陀對須菩提的認可和讚許。

・我不作是念：我是離欲阿羅漢。

那須菩提尊者又是怎麼看待這個問題的呢？他向佛陀報告說：我不會認為，我就是離欲阿羅漢。離欲，即斷除所有的欲望和執著。阿羅漢是聲聞乘最高果位，一切漏盡。雖然如此，但離欲阿羅漢也是假名安立的。在勝義諦的層面，是沒有什麼離欲阿羅漢的。因為空性是無能所、無差別的。作為證悟聖果的須菩提尊者，不會認為還有什麼「我」，也不會認為「我是離欲阿羅漢」。

・世尊！我若作是念：我得阿羅漢道，世尊則不說須菩提是樂阿蘭那行者。以須菩提實無所行，而名須菩提是樂阿蘭那行。

樂阿蘭那，證悟無諍三昧。須菩提繼續向世尊報告說：如果我有這樣的想法，認為自己成就了阿羅漢果，就說明我還有執著，還有能所的對待。那麼，世尊就不會認可我是證悟無諍三昧的行者。正因為我已無所得，沒有證悟阿羅漢果的想法，世尊才認為，我是成就無諍三昧的人。

在這部分經文中，通過層層遞進的開顯，闡明空性是超越一切名言概念的。哪怕須陀洹、斯陀含、阿那含、阿羅漢這些聖者的果位，也是假名安立的。凡夫往往會執著身分為「我」，覺得我是教授、我是總裁、我是丈夫、我是妻子等等。其實這些身分都是因緣假相，而非實質的存在。但凡夫因為看不清真相，往往會在身分上生起我執，將身分和我建立強烈的捆綁關係，覺得「我」就是什麼。事實上，這種執著是代表迷妄的生命狀態。

這就涉及一個問題：聖賢證悟空性後，為什麼還要安立這些果位？須知，這只是佛菩薩為說法方便安立的，是為眾生指引的修行路標，讓我們遵循這些路標抵達終點。但路標不是路，如果執著於這些路標，是無法繼續前行的。所以佛陀和須菩提尊者一再強調，只要有「我是須陀洹」之類的想法，就說明此人還有我相乃至壽者相，還是心有所得，恰恰說明尚未證果。總之，四果的名稱都是因緣假相。在無所得的智慧中，是不存在這些差別的。

也許我們會覺得，這些內容似乎離現實很遙遠。不必說無上佛果，即使是聲聞初果，都是我們難望項背的。但我們要知道，佛陀反覆強調的核心，是引導我們破除執著。這是修行必須具備的認知。平時我們都處在意識層面，處在有造作的狀態，必須超越這一層面，才能契入無造作的狀態。三種般若中，觀照般若是有造作的，實相般若才是無造作的。通過觀照，可以培養內在的覺察力，屬於意識層面的修行。隨著觀照力的增強，煩惱會越來越弱，漸漸地，無造作的智慧就會開顯出來。

這個智慧不是外來的，也不是我們修出來的。如果成佛要修出來，那永遠都修不出來。因為有限不能成就無限，用造作的心也不可能修出無造作的智慧。但在修行過程中，我們還是離不開造作，還是要從有所得的心開始，然後在修觀照般若的過程中，逐漸開發實相般若。這是代表修行的兩個層面。

《金剛經》直指人心，處處立足於空性來闡發，一般人認識起來確實有些難度。前面說過，「諸佛依二諦為眾生說法，一者世俗諦，二者勝義諦」。在世俗諦的意義上，要修佈施、持戒、忍辱、精進、禪定、般若，有眾生可度，有佛果可成。但在空性層面來說，這一切是了不可得的。

所以說，《金剛經》的三句式包含空有兩個層面，既要認識到空性、無所得，還要瞭解到緣起有。事實上，體認空性並不妨礙我們弘法利生，廣行佛事。只是我們在利益眾生的過程中，要明白這一切都是無所得的，才能做到「不住色生心，不住聲香味觸法生心」。否則的話，我們做到哪裡，就會執著到哪裡，雖然表面看起來在學佛，最後卻修出一個巨大的凡夫。

十三、如來的言教——無法可說

佛法不存在所謂的想法和觀點，更不會局限於個人立場。
唯有真正體悟到生命自身的圓滿，才能掃除外在一切支撐點。

佛陀是娑婆世界的教主，他出現於此，出家、修行、證果，然後在恆河兩岸以音聲宣說法要，教化眾生。後經弟子們集結，留下三藏十二部經典。這些教法在世間的流傳，引領著一代又一代佛弟子走上解脫道和菩提道，並形成三大語系、各個宗派，流傳至今。作為今天的佛弟子，我們應該如何看待這些教法？

《金剛經》中，佛陀對此的說明是——無法可說。甚至提出，如果有人認為如來有所說法，即為謗佛。以常人的眼光看來，這簡直匪夷所思。佛陀一方面殷勤說法，一方面又否定這些說法，不是自相矛盾嗎？對於這樣一種觀點，我們又該如何理解？如果佛陀沒有說法，三藏從何而來？如果佛陀確實說過那麼多法，為什麼又親口否定？這麼做的意義究竟何在？我想，沒有一個其他宗教的教主會如此否定自己的言教。那麼，佛法的智慧和殊勝處究竟在哪裡？關於這一部分，我們主要從兩個方面來說明。

1．如來無有說法，法離言說

須菩提！於意云何，如來得阿耨多羅三藐三菩提耶？如來有所說法耶？

須菩提言：如我解佛所說義，無有定法名阿耨多羅三藐三菩提，亦無有定法如來可說。何以故？如來所說法，皆不可取，不可說，非法非非法。所以者

何？一切賢聖皆以無為法而有差別。（第七　無得無說分）

這段經文前面已經引過，是從無所得的角度來說，此處則是用來說明法離言說。

• 須菩提！於意云何，如來得阿耨多羅三藐三菩提耶？如來有所說法耶？

佛陀問須菩提說：在你的認識中，如來得到阿耨多羅三藐三菩提了嗎？如來有所說法嗎？

• 須菩提言：如我解佛所說義，無有定法名阿耨多羅三藐三菩提，亦無有定法如來可說。

須菩提不愧是解空第一的聖者，所以回答說：根據我理解的佛陀所說的法義，阿耨多羅三藐三菩提並不以特定形式存在，也沒有什麼特定的法是如來想要說的。

因為如來說法不是為了表達自己的什麼觀點，不像世人那樣，總要表達自己的想法。尤其是世間學術，特別強調個人創見，以此代表我們認識現象世界的獨到角度，所謂「橫看成嶺側成峰，遠近高低各不同」，似乎這才是對世界的特殊貢獻。但每個人都有自己的認知模式、生活經驗和見聞覺知，所以對世界的觀察結果也是不一樣的，甚至是矛盾對立的。如果執著這些充滿我執的知見，很容易引發衝突。但如來在說法時，並沒有這樣的立場，也沒有所謂的個人角度。

如來以空性慧證悟空性，成就無所得的智慧。在空性層面，不存在所謂的想法和觀點，更不會局限於個人立場。不僅如此，如來還成就了差別智，能從空出有，從體起用，在安住空性的同時，也看到一切緣起現象的差別，所以他對世界的觀察和認識是圓滿的。

如來觀察到眾生由無明煩惱和錯誤認識造成的種種痛苦，根據這些認識上的誤區及解脫煩惱的需要，說苦、空、無常、無我，說常樂我淨，說慈悲觀、數息觀等種種法門。如來演說種種教法，無非是隨著眾生的需要，針對眾生的問題而說。正如禪宗所說，如來說法就是「解黏去縛」——你的心黏著在對象上，被我法二執束縛，現在用相應方法將這些黏著解開。

對如來而言，不會執著於特定的觀點和看法。哪怕是無常、無我，也是有針對性的表述。有我執，所以要講無我。如果沒有我執，無我教法也是沒有意義的。有常見，所以才要說無常。如果沒有常見，無常教法也是沒有價值的。因為眾生對自性的執著，所以才說空，否則說空也是多餘的。

在緣起的層面，如來會針對眾生的種種問題而說法。但在如來的境界中，雖然說種種法，其實是說而不說的。他的心不會執著於「我在說法」，也不會執著於自己所說的觀點。常人說話時，往往特別在意對方是否尊重自己的觀點，這都屬於有所得的心。而如來的心時時安住於空性，雖然說法，但沒有我相、法相，在說的同時又心無所住。

無所住，也就是無所說。雖然無所說，一樣還是隨著眾生的需要，針對眾生的根機說種種法，就像「千江有水千江月」。只要江中有水，月亮就會映現。對月亮來說，並不是有心要在哪裡映現，一切都是無心的。如來說法也是同樣，如果我們執著無所說就是什麼都不說，又是偏空的認識，同樣是錯誤的。總之，如來雖然說，但同時又沒說——說而不說，就是「無有定法如來可說」的深意所在。

• 何以故？如來所說法，皆不可取，不可說，非法非非法。

為什麼這麼說呢？如來開顯的這個法，是直接幫助我們體認空性。空性不是有的，也不是空的；不可以用有所得的心去修證，也不可以用語言來表達。

對任何現象來說，名和實永遠是兩回事。唯識宗關於這個問題講得很清楚，或一名多物，或一物多名。名只是假名安立，就像我們說火或說水的時候，只是概念的火、概念的水。如果是事實上的火，一說火就會把嘴燒了。同樣，當我們口渴的時候，也不能因為一說水就解決問題了。

唯識宗講到假言自性和離言自性。所謂假言，就是名言；所謂離言，其實一切法本身都屬於離言。尤其是空性，是超越概念的。因為概念建立在影象基礎上，但空性是超越概念和影象的，超越二元對立的差別，不可以用語言去表達。這不僅超越語言，還超越思惟，即禪宗說的「一念未生前」。我們現在的思惟都是建立在念頭基礎上，而空性要在一念未生前去認識。在這個意義上，空性自然是不可說的。

・所以者何？一切賢聖皆以無為法而有差別。

為什麼這麼說呢？因為一切賢聖都是以對無為法的不同體認而有差別。

2・說法者無法可說

須菩提！汝勿謂如來作是念：我當有所說法。莫作是念，何以故？若人言如來有所說法，即為謗佛，不能解我所說故。須菩提！說法者，無法可說，是名說法。

爾時，慧命須菩提白佛言：世尊！頗有眾生於未來世，聞說是法生信心不？佛言：須菩提！彼非眾生，非不眾生。何以故？須菩提！眾生眾生者，如來說非眾生，是名眾生。（第二十一　非說所說分）

第二十一分為「非說所說分」，告訴我們，佛陀雖然說法四十五年，談經三百餘會，其實卻無法可說。

・須菩提！汝勿謂如來作是念：我當有所說法。

佛陀明確告訴須菩提：你不要認為如來會有這樣的想法——我應該把自己領悟的佛法告訴大家。

• **莫作是念，何以故？若人言如來有所說法，即為謗佛，不能解我所說故。**

佛陀叮囑須菩提說：你不要有這樣的想法。為什麼呢？如果有人認為如來有所說法，就等於在誹謗佛陀。因為這是以凡夫的眼光看待佛陀，覺得佛陀也和凡夫一樣好為人師，會執著自己的某種觀點，或是通過傳播個人觀點、以思想征服他人為滿足。要知道，如來說法完全是為了利益眾生，並且是說而不說，不說而說，和凡夫以有所得的心表達想法完全不同。

• **須菩提！說法者，無法可說，是名說法。**

佛陀對須菩提總結說：所謂說法，其實是無法可說，這才是真正的說法。因為如來體證到，在空性層面，一切都是無所得的，然後再根據眾生的需要隨緣而說。如果沒有體證空性，就會執著於自己的觀點，這些說法往往是片面的，不能根據眾生的根機隨類設教，也不能在說法後如雁過長空，不留痕跡。如果有所思、有所證、有所說，就是凡夫而非如來的境界了。

• 爾時，慧命須菩提白佛言：世尊！頗有眾生於未來世，聞說是法生信心不？

慧命，對出家人的一種尊稱，即以慧為命。這時，慧命須菩提向佛陀請教說：世尊，未來是不是有眾生在聽聞如此甚深的金剛般若法門之後，能生起信心，還有能力接受呢？

• 佛言：須菩提！彼非眾生，非不眾生。

佛陀告訴須菩提說：能對金剛般若法門生起信心的人，已經不是一般的凡夫眾生了，雖然他還顯現眾生的形象。前面說到，能對《金剛經》生起一念淨信者，「當知是人不於一佛、二佛、三四五佛而種善根，已於無量千萬佛所種諸善根」。這就說明，能對金剛般若法門生起信心，要具備深厚的福德資糧。這裡所說的信心特指一念淨信，而不是普通的信仰。所謂淨信，是建立在實證基礎上的，是體證空性後產生的信心。

• 何以故？須菩提！眾生眾生者，如來說非眾生，是名眾生。

為什麼這樣說呢？剛才說到「彼非眾生，非不眾生」，佛陀擔心我們聽了之後，又對「眾生」生起執著，再次告誡我們：這個「眾生」也是因緣假相，和萬法的本質一樣，是無自性空的。所以如來說「非眾生」，只是安立眾生這個名稱而已。總之，不論諸佛還是眾生，不論世界還是萬法，都是從世俗諦的角度而言。相對眾生，說有佛，有菩薩，但在空性層面，並不存在任何差別。

這部分告訴我們，如來說法只是一種手段，而我們要證悟的空性是超越言教，超越語言概念的。《金剛經》揭示的這一思想意義重大。

我們學佛前，已經建立了很多世間觀念，比如覺得什麼工作才是高雅的，什麼生活才是幸福的，什麼人生才是成功的，等等。學佛後，又會執著於佛法見地，比如要信仰三寶，要希求解脫，要相信苦、空、無常等。

這些見地對修行非常重要。沒有對三寶的信心，沒有追求解脫的願望，我們是無法走上學佛道路的。但由此也會形成相應的執著，覺得一定要怎樣修行、怎樣生活。在入門之初，我們需要藉助對佛法的好樂，從以往對世間的執著中走出來。但放下對世間的執著後，還要繼續放下對佛法的執著，否則這種執著同樣會成為證悟空性、成就解脫的障礙。

《金剛經》的高明之處就在於，不僅掃除了我們對世間的執著，同時也將我們對佛法見地的執著統統掃除。如來說自己「無法可說」，就是提醒我們，一切說法都是方便而非究竟，所謂「法尚應捨，何況非法」。如果沒有對空性的究竟體悟，是不可能有這種魄力和膽識的。唯有真正體悟到生命自身的圓滿，才能掃除外在一切支撐點。所以，佛陀的說法和無法可說並不矛盾。有所言說，是為了通過這些法，引導眾生走出凡夫心。接著還要掃除對法的依賴，否則就會有落腳點，有執著點，就無法體證空性。

3．佛陀言教只是入道的方便

汝等比丘，知我說法如筏喻者，法尚應捨，何況非法。（第六　正信稀有分）

第六分為「正信稀有分」。

佛陀告訴大眾，我所說的法就像渡河的竹筏一樣。竹筏是幫助我們渡過生死此岸、駛向涅槃彼岸的工具，屬於方便手段，但不要把竹筏執為究竟。同樣，佛陀講無我，是為了幫助我們破除我執，但不是要我們執著無我；講無常，是為了幫助我們破除常見，但不是要我們執著無常。一切說法，都是為了幫助我們解除相應的煩惱，如果執著於此，就本末倒置了。從另一個方面來說，既然佛法都不可以執著，非法就更不能執著了。

在《指月錄》中，將經典比喻為「標月指」。我們需要通過指頭去認識月亮，但如果把手指執為目標，就會被它遮蔽，反而看不到月亮了。當我們認識到佛法只是工具和手段，就應該在使用工具後及時捨棄。

這裡所說的「筏喻」包含兩層意思。一方面，法是不可執著的；另一方面，法也是不能沒有的。因為我們還在生死此岸，還在強烈的串習中，如果不以法、以善知識為依止，不對三寶生起信心，而是覺得一切都無所得，無所謂，就無法抵達彼岸了。最後只能一無所獲，那是凡夫意義上的「一無所獲」，而不是聖者的「無所得」。

我們還要知道，《金剛經》所說的「法尚應捨」是有特定對象的，是針對那些已經放下對世間執著，然後將執著轉移到佛法上的人。至於那些還活在強烈串習中的人，第一步尚未跨出，對法尚未建立起真正的信心，如果這時候捨棄法，最後執著的依然是世間法，那就和沒學佛的人完全一樣了。這是我們學習《金剛經》時特別要注意的。

十四、般若正觀

不論採取什麼方式，佛陀都在引導我們認識中道智慧，學習用緣起法觀察世界。

學習金剛般若法門，是為了幫助我們獲得中道正見，然後以這種智慧去觀察世界，觀察每個事物。在如理如法的觀察中修習觀照般若，進而成就實相般若。

《金剛經》從發菩提心開始，講到無我相乃至無壽者相，還講到佛身是無相的，佛果是無所得的，如來是無法可說的……這些認知偏向空的一面。所以，佛陀以一個特殊的三句式，引導我們契入中道智慧，完整地認識法，而不是偏向一邊。這個句式就是《金剛經》特有的「所謂……即非……是名……」，經中反覆出現。

莊嚴佛土者，即非莊嚴，是名莊嚴。（第十分）

佛說般若波羅蜜，即非般若波羅蜜。（第十三分）

諸微塵，如來說非微塵，是名微塵。（第十三分）

如來說世界，非世界，是名世界。（第十三分）

如來說三十二相，即是非相，是名三十二相。（第十三分）

是實相者，則是非相，是故如來說名實相。（第十四分）

如來說第一波羅蜜，即非第一波羅蜜，是名第一波羅蜜。（第十四分）

忍辱波羅蜜，如來說非忍辱波羅蜜。（第十四分）

所言一切法者，即非一切法，是故名一切法。（第十七分）

如來說人身長大，則為非大身，是名大身。（第十七分）

如來說諸心，皆為非心，是名為心。（第十八分）

如來說具足色身，即非具足色身，是名具足色身。（第二十分）

如來說諸相具足，即非具足，是名諸相具足。（第二十分）

眾生眾生者，如來說非眾生，是名眾生。（第二十一分）

所言善法者，如來說即非善法，是名善法。（第二十三分）

凡夫者，如來說則非凡夫。（第二十五分）

世尊說我見、人見、眾生見、壽者見，即非我見、人見、眾生見、壽者見，是名我見、人見、眾生見、壽者見。（第三十一分）

所言法相者，如來說即非法相，是名法相。（第三十一分）

除了三句式，《金剛經》還有兩句式，在提出後直接否定。而三句式是提出後予以否定，然後再加以肯定。關於三句式的深意，龍樹菩薩在《中論》中用這樣一個偈頌來解讀：「因緣所生法，我說即是空。」

不論採取什麼方式，佛陀都在引導我們認識中道智慧，學習用緣起法觀察世界。一旦明瞭諸法是緣起有，就能看到其中的畢竟空。這種空是當體即空，因為其中沒有不依賴條件的獨立存在。所以，緣起法必然是無自性的，即龍樹菩薩所說的「因緣所生法，我說即是空」。中觀破除的正是自性見，而不是緣起法本身，是為「緣起性空」。一切存在只是因緣假相，所以，空和假是佛法對世間萬象的經典表述。空，是否定自性的存在。假，有時也會用「幻」，則是揭示常人對現象所認定的真實有和自性見。比如我們認為桌子是實在的，就會對此生起自性見。佛陀為了避免我們生起自性見，同時又避免我們陷入斷見和頑空，所以用一個「假」字來說明。

「假」字用得非常巧妙，不是沒有，也不是真實不變的有。《唯識三十論》開篇就是「由假說我法」，告訴我們，世間一切雖然都是因緣假相，但在世俗諦的意義上，這種假相不是沒有。尤其在凡夫眼中，它是很真實的。

認識到自性的真空和緣起的假有，大有深意——只有否定自性，才能證悟空性。這個所謂的自性，是由迷惑認識建立的，並不是真實不變的存在。用唯識宗的比喻說，就像把繩子當作蛇。在我們的認識中，確實有一條「真實的蛇」，但事實上是根本不存在的。

唯識宗關於三性的認識，也在說明這一原理。我們對世界的認識包含兩個層面，一是事實的存在，一是顯現在我們認識上的影象。這個影象和事實並不是一回事，不僅有距離，有時還正相反。就像我們看某個人，覺得此人好或不好，都介入了我們的觀念和情緒。

我們會從審美角度賦予對象美或醜的分別；或從價值觀來判斷它有價值或沒價值；還會根據對象和自己的親近程度，貼上與我有關或與我無關的標籤，等等。這一切都是添加上去的，我們卻信以為真，將這種錯誤設定執以為實，認為它就是好看，就是有價值。

「即非」所要「非」的，不是緣起法本身，恰恰就是我們內心的設定，以及對這份設定的執著。包括我們對信仰對象的執著，對修行目標的執著。因為對修行產生的設定和執著，同樣會障礙解脫。但我們要知道，這並不是否定修行本身，也不是否定行菩薩道、成就佛果等等。從世俗諦上，這些是成立的，並且是修行的必經過程；但在空性層面，這些都是了不可得的。

從中觀來說，諸佛依二諦為眾生說法，一者世俗諦，二者勝義諦。「即非」是從勝義來說，從空性來說；「是名」則是從俗諦來說，從顯現來說。在勝義上說沒有，說無所得，是為了否定我們的自性見，從而證悟空性，成就無所得的智慧。這個智慧是超越空和有的。在看到「有」的同時，能夠看到「空」；看到「空」的同時，能夠看到「有」。是為當體即空，空有不二。

般若思想在魏晉南北朝傳入中國，當時正是玄學盛行的時代。般若法門闡述的空，不僅在佛教界產生了很大影響，文人士大夫們也趨之若鶩，使般若學盛行一時，出現了六家七宗的盛況。但國人能夠正確理解般若思想，還應歸功於鳩摩羅什。

當年，姚秦國王崇信佛法，把鳩摩羅什從西域請來，還在西安草堂寺為他成立譯經團體，網羅了很多出色的人才。其中最著名的就是僧肇，被鳩摩羅什稱為「秦人解空第一」。

僧肇曾撰寫《肇論》，是解說空性的著名論典。

第一部分是「物不遷論」，說明我們看到的一切變化，當下就是不變化的。因為沒有自性，所以變化也沒有實質性的變化。這就是《心經》所說的不生不滅——生滅的當下，就是不生不滅。

第二部分是「不真空論」，說明一切緣起現象都不是真實的存在，只是因緣假相而已，當下就是空的。

第三部分是「般若無知論」，但這個「無知」不是「不知」，而是「無所不知」。般若的知超越我們狹隘的妄知，是遍及一切的，就像佛陀的正遍知那樣。

第四部分是「涅槃無名論」，是對涅槃的論證。如果我們對般若思想有興趣，可以去看看這些論典。

在中國佛教史上，三論宗就是根據鳩摩羅什翻譯的《中論》、《十二門論》和《百論》成立的，並繼承了中觀破而不立的風格。三論宗有位集大成的祖師叫吉藏，他曾就空有問題提出四重二諦之說。

第一重，說緣起有是代表俗諦，無自性空是代表真諦。如果有人落入有或空的執著，吉藏法師就拋出第二重，說有和空都是俗諦，非有非空才是真諦；既不能說它是有，也不能說它是空，認為有或認為空都是片面的。如果有人對非有非空產生執著，再拋出第三重，說有空為二，非有非空為不二，二和不二都是俗諦，非二非不二才是真諦。如果有人陷入思辯的執著，最後再拋出第四重，所有一切語言思惟都是俗諦，言語道斷、心行處滅才是真諦。總之，層層掃蕩，不著一相。

《金剛經》的三句式，作用也是掃除我們的偏執。從有的層面來說，是掃除我執和法執，所以說「不應著我相、人相、眾生相、壽者相，不應著法相，不應著非法相」。這是針對眾生在緣起法上生起我法二執的情況，告訴我們，一切法都是無自性空的。這個空，要空的不是緣起現象。緣起現象本來就是無自性空的，不需要多此一舉。真正要空的，是我們在緣起現象上安立的我執和法執。這些執著本是虛妄的，凡夫卻因為執著，總是為其所傷。

所以，說空是為了破除對有的執著。如果反過來，陷入對空的執著，出現虛無主義的傾向，對緣起因果不當作一回事，最後就可能無所不為。這種頑空非常可怕，甚至比執有更為可怕。所以，空也要破除。在認識到無自性空的同時，看到緣起有，才能趨於中道，既不著空，也不著有。

正如《中論》所說：「不生亦不滅，不常亦不斷，不一亦不異，不來亦不出。能說是因緣，善滅諸戲論。」生滅、常斷、一異、來去這些現象是否存在？以緣起的智慧觀察，這些都是因緣假相，凡夫卻落入自性見中，執著有我有法。所以中觀真正要破的是自性見，只有這樣，我們才能透過緣起，看到諸法實相。

《金剛經》是要掃除我們在見地上產生的偏執，每講一個問題，都會以般若正見掃除一下，讓我們無從執著。比如說到波羅蜜，佛陀擔心我們會執著波羅蜜，所以說「即非波羅蜜」——波羅蜜乃假名安立，當下就是空的，無自性的。但這些假相並不是沒有，所以「是名波羅蜜」。以此類推，莊嚴佛土乃至如來三十二相也是同樣，都是了不可得的。實相的本身是超越一切相的。我們現在講實相，或者把它叫作勝義，叫作真如，叫作第一波羅蜜，其實都是假名安立、相對而言的。其本質是無自性的，超越一切對待。

為什麼我們始終認識不到空性？其實和錯誤認識有關。如果帶著自己的設定看世界，就會因為這份設定和執著產生煩惱。佛陀在《金剛經》所說的一切，都是告訴我們，對待每個問題都要以空性慧觀照。只要去掉這些錯誤執著和設定，每個當下都可以契入空性。

所以，三句式可以在生活的每個當下運用。首先瞭解其中蘊含的深意，然後以般若智慧看待每個問題，遠離偏見和執著。這正是生死輪迴的根本。中道的中，不是折中，而是不偏不倚的「正道」，也是一種如實之道。佛法非常重視如實智，即認識真相的智慧，包括生命的真相，世界的真相。無論解脫道還是菩提道，都是在認識真相的基礎上，依實相建立修行法門。

十五、應無所住而生其心

心無所住，就像太陽沒被雲彩遮蔽，朗照天際；
心有所住，則會不同程度地被遮蔽，不能如實看到世間真相。

在中道正見的基礎上，《金剛經》提出「應無所住而生其心」，即無住的修行。《六祖壇經》的三大修行要領，是「無念為體，無相為宗，無住為本」。體認到無念、無相的心體，目的是為了生起無住的心，成就無住的修行。這也是本經與其他法門的不同所在。

凡夫心的特點是有所住，安住於貪嗔癡，安住於五欲六塵。所以，通常的法門是讓我們選擇一種善所緣，使散亂的心得以安住，並取代原有的不善所緣。最後再把這個善所緣打掉，是一步步進行的。

比如人天乘修行有六念，分別是念佛、念法、念僧、念戒、念施、念天。這是學佛者的基本心行，也是人天乘修行安住的善所緣。解脫道修行宣導四念住，即觀身不淨，觀受是苦，觀心無常，觀法無我。佛陀入滅時，也鼓勵弟子依四念處而住，以此出離輪迴，成就解脫。這些都屬於有所住的修行，用取代法，從不善的所緣轉向善所緣。

而《金剛經》的修行直接就提出無所住。可能有人會覺得困惑：無所住，又怎麼安住呢？佛教的禪修也有兩種類型，一是有所止，二是無所止。通常的禪修是有所止，選擇一個善所緣作為心安住的對象，或是心工作的地方。而無所止的禪修是讓心從所緣中跳出，導向空性的修行。

《金剛經》教導的，正是這樣一種無所止的修行。所以，「應無所住而生其心」八個字，就是本經的修行要領。如「菩薩不住色佈施，不住聲香味觸法佈施」等，講的都是無住生心。其中不僅體現了菩薩的悲心，更體現了菩薩的智慧。因為有大智慧，才能心無所住。這是心的一種能力，由見和行而來。

凡夫心是有所得的，而聖賢成就的是無所得的智慧。以有所得之心，要做到心無所住，簡直比登天還難。因為有所得的心是有黏著的，需要支撐點，這就很容易對支撐點產生執著。只有無所得的心才不需要支撐點，才能真正做到心無所住，並應眾生的需要生起各種妙用。關於「應無所住而生其心」，我們引了兩段經文。

佛告須菩提：於意云何？如來昔在燃燈佛所，於法有所得不？不也，世尊！如來在燃燈佛所，於法實無所得。須菩提！於意云何？菩薩莊嚴佛土不？不也，世尊！何以故？莊嚴佛土者，即非莊嚴，是名莊嚴。是故，須菩提！諸菩薩摩訶薩應如是生清淨心，不應住色生心，不應住聲香味觸法生心，應無所住而生其心。（第十 莊嚴淨土分）

第十分為「莊嚴淨土分」。

- 佛告須菩提：於意云何？如來昔在燃燈佛所，於法有所得不？

佛陀問須菩提說：就你的認識來看，如來過去在燃燈佛座下修行，得到燃燈佛的授記，是否覺得自己得到了什麼修行結果？成就了什麼修行境界？

• **不也，世尊！如來在燃燈佛所，於法實無所得。**

須菩提尊者回答說：不是這樣的，世尊。如來當年在燃燈佛座下修行，並沒有認為自己得到了什麼實實在在、可以標榜的結果。因為他成就的是無所得的智慧，怎麼還會認為自己有所得，或是有什麼結果呢？佛陀在此提醒我們，即使成佛這樣至高無上的境界都是無所得的，難道還需要對其他事生起有所得之心嗎？

• **須菩提！於意云何？菩薩莊嚴佛土不？**

佛陀又問須菩提說：就你的認識來看，菩薩有沒有覺得我在莊嚴佛土呢？比如世間人往往會覺得，這個社會、城市乃至國家，因為我的努力得到很大改變。對於那些以利益眾生為己任的菩薩來說，會不會有這樣的想法呢？

• **不也，世尊！何以故？莊嚴佛土者，即非莊嚴，是名莊嚴。**

須菩提尊者回答說，不是這樣的，世尊。為什麼這麼說？所謂的莊嚴佛土，也是因緣假相而已，從實質上說是了不可得的。因為莊嚴佛土的本質就是空性，所以當菩薩體認到空性並安住於此，就沒有莊嚴和不莊嚴的分別。當然，這個行為從世俗諦說是有的，此為「是名莊嚴」。

三句式很有意思，一方面要領會到空性，知道莊嚴國土了不可得；另一方面又要從緣起層面看到莊嚴國土的意義，能從慈悲心出發，廣泛利益一切眾生。這樣的菩薩，既不會落入空的執著，也不會陷入有的執著。因為慈悲，所以能廣泛莊嚴國土，利益眾生；因為智慧，又能在利他過程中心無所住。

・是故，須菩提！諸菩薩摩訶薩應如是生清淨心，不應住色生心，不應住聲香味觸法生心，應無所住而生其心。

佛陀對須菩提的回答表示認可，進一步總結說：諸大菩薩在行菩薩道的過程中，要生起這樣的清淨心。瞭解到一切事物都是因緣假相，其本質都是空性，不再陷入對色相的執著，也不陷入對聲、香、味、觸、法的執著，而應該體認到無所得的智慧。在心無所住的狀態下，應眾生的需要隨類化現，有求必應。

那麼對凡夫來說，能不能做到心無所住呢？既然我們現在是有所得的心，正常情況下，是很難一下子做到無住的。修習般若法門，要不斷運用「所謂、即非、是名」的中道正見，以此思惟並看待一切現象，指導修行。看到每個人、每件事，都能瞭解到它是空的，無自性的，其存在只是因緣假相，如夢如幻。經常這樣觀照的時候，執著就會隨之鬆動。

我們還要這樣審視修行的每個過程。包括我們的信仰對象、修行目標，也是依世俗諦建立的，空性本身是超越這一切的。如果我們內心對目標還有執著，恰恰是妄想所致，是證悟空性的最大阻礙。所以，我們要以般若智慧掃蕩內心的一切支撐點。當內心不需要支撐也能自足時，才能真正心無所住，解脫自在。就像《心經》所說：「無智亦無得，以無所得故，菩提薩埵依般若波羅蜜多故，心無罣礙。無罣礙故，無有恐怖，遠離顛倒夢想，究竟涅槃。」因為成就了無所得的智慧，所以就沒有罣礙、恐怖、顛倒夢想，最終成就涅槃。

是故，須菩提！菩薩應離一切相，發阿耨多羅三藐三菩提心。不應住色生心，不應住聲香味觸法生心，應生無所住心。若心有住，則為非住。是故佛說：菩薩心不應住色佈施。

須菩提！菩薩為利益一切眾生，應如是佈施。如來說：一切諸相，即是非相。又說：一切眾生，即非眾生。須菩提！如來是真語者、實語者、如語者、不誑語者、不異語者。

須菩提！如來所得法，此法無實無虛。

須菩提！若菩薩心住於法而行佈施，如人入暗，則無所見。若菩薩心不住法而行佈施，如人有目，日光明照，見種種色。

須菩提！當來之世，若有善男子、善女人，能於此經受持讀誦，則為如來以佛智慧，悉知是人，悉見是人，皆得成就無量無邊功德。（第十四　離相寂滅分）

第十四分為「離相寂滅分」，佛陀為須菩提尊者詳細開示，究竟什麼是「心無所住」。

- **是故，須菩提！菩薩應離一切相，發阿耨多羅三藐三菩提心。**

佛陀告誡須菩提說：菩薩應該遠離一切相，不住於一切相，才能發阿耨多羅三藐三菩提心。所謂一切相，就是對我的執著，對法的執著，對目標的執著。這個標準很高，不是一般菩薩能做到的。

菩提心有世俗菩提心和勝義菩提心之分。先要發世俗菩提心，即「我要成就無上菩提，要利益一切眾生」的崇高願望。然後不斷思惟菩提心的功德，不斷提醒自己，以此願心作為生命目標。這個過程是有相的，甚至要帶有一定的執著，否則多數人是修不起來的。

因為凡夫都活在強烈的串習中，必須藉助一些支點，才能從串習的泥沼中脫身。比如反覆思惟學佛對人生的意義，思惟輪迴的過患，思惟三惡道的痛苦，才能抵禦凡夫心，使願菩提心不斷增強。而《金剛經》是直指空性的修行，它的發心是從勝義菩提心入手。既要發菩提心，又要超越對一切相的執著。在體認到無相、無所得的心行基礎上，生起無緣大慈、同體大悲，進而上求佛道、下化眾生。雖然有這種願望和行為，又能在做的過程中心無所住。

• **不應住色生心，不應住聲香味觸法生心，應生無所住心。**

按《金剛經》的要求，菩薩在發菩提心、行菩薩行的過程中，不能於色聲香味觸法六塵生心，不住於色塵乃至法塵，所謂三空頓斷，能所雙亡。三空頓斷，就是心不落入我相、法相、空相；能所雙亡，就是沒有能動的我，也沒有作為對象的我所。只有這樣，才能「應無所住而生其心」。

• **若心有住，則為非住。**

只要心有所住，或住於我相，或住於眾生相，都不是正確的安住。因為心有所住的話，就會陷入對所緣境的執著，陷入能和所的二元對立，內在的空性智慧就會被遮蔽，不能平等利益一切眾生。《金剛經》開篇，須菩提尊者就請教佛陀說：「發阿耨多羅三藐三菩提心者，應云何住？云何降伏其心？」而佛陀一系列開示的核心就是「應無所住」。因為無所住，才能降伏其心。我們之所以有種種煩惱，都和執著有關。所以有住即是非住，是錯誤的，只有「應無所住而生其心」才能契入。但我們要知道，這是《金剛經》的修行理路。如果在聲聞乘的修行上，四念住是有所住的，六念法門也是有所住的，不是所有的「住」都是錯誤的。

• **是故佛說：菩薩心不應住色佈施。須菩提！菩薩為利益一切眾生，應如是佈施。**

所以佛陀對須菩提開示說：菩薩不應該住於色相而修佈施，也不應該住於能施的我相、受施的眾生相，以及佈施相等。那菩薩應該以什麼心佈施呢？這裡指出了關鍵所在：菩薩修佈施時只有一種心——利益眾生的心。其心理基礎就是大慈大悲，同時還蘊含著智慧觀照，這樣才能心無所住。

凡夫修佈施時也會有慈悲心，但往往夾雜著我執我見，所以在做的過程中患得患失，導致種種困擾。而菩薩修佈施時，只是想著利益眾生。不僅如此，還不被眾生相所困擾，不論做多少，依然保有無所得之心。

- 如來說：一切諸相，即是非相。

如來說，我們看到的一切現象，其本質都是無自性空的，是超越一切相而又不離一切相的。我們需要從一切相去認識它的實相。所謂實相，其實就是非相，即不以任何相的方式存在。

- 又說：一切眾生，即非眾生。

如來又說：一切眾生也是因緣假相，其本質是空的，無自性的。《金剛經》反覆強調這樣一種認識，就是為了說明我們去除執著，把心和所緣對象解綁。凡夫為什麼心有所住？就是在看到一切相的時候，會賦予它價值、審美的評判，進而執著於此，產生煩惱。想斷除煩惱，就要從源頭解決問題，認識到一切相乃至一切眾生，都是因緣假相，是了不可得的。

• 須菩提！如來是真語者、實語者、如語者、不誑語者、不異語者。

以凡夫的顛倒知見，很難對《金剛經》的甚深義理生起信解。為了讓眾生，包括我們這些後世學佛者生起信心，佛陀特別對須菩提強調說：如來是說真話的，說實話的，所說的一切都和事實相符，不會欺騙眾生，也不會自相矛盾。真語者的另一層意思，是如來已證悟實相，所說都是如實智的自然流露。佛陀這麼說不是為了自誇，而是為了讓眾生生起信心。不要因為如來所說與我們的現有認識相違就產生疑惑，因為如來是值得信賴的，他說過的每一句話，無不來自他的親證，無不是如理如法的。

• 須菩提！如來所得法，此法無實無虛。

佛陀接著告訴須菩提：無住的修行究竟有什麼意義。如來證悟的阿耨多羅三藐三菩提，雖然實無所得，但不同於常人所說的「什麼都沒有」。因為如來成就的是無所得，如果還有所得，就等於沒有成就——「無得故有得，有得故無得」，這是無所得與有所得的辯證關係。所以如來證悟的法，既不是實的，也不是虛的；既不是空的，也不是有的；既不是常的，也不是斷的。總之，是遠離二邊的中道實相。

• 須菩提！若菩薩心住於法而行佈施，如人入暗，則無所見。

佛陀又以比喻為須菩提開示說：如果菩薩心有所住，住於我相、法相、眾生相來修佈施，就像一個人進入伸手不見五指的黑暗中，將看不到內在的智慧光明。一切眾生本有慧光朗照，所謂「靈光獨耀，迥脫根塵」。

禪宗祖師說，「汝等諸人，六根門頭晝夜放大光明，照破山河大地。」在我們的六根門頭，時時都有覺性放光。這種光芒是始終如一的。就像不論陰晴雨雪，太陽始終都在那裡，只是我們有時看不到而已。當心無所住，就像太陽沒被雲彩遮蔽，朗照天際；而心有所住時，則會不同程度地被遮蔽，甚至暗無天日，不能如實看到世間真相。

• 若菩薩心不住法而行佈施，如人有目，日光明照，見種種色。

這個比喻的另一部分是：如果菩薩心不住法而修佈施，就像一個人有明亮的雙眼，而且在陽光照耀下，沒有絲毫遮擋，就能了了分明地觀照一切。

• 須菩提！當來之世，若有善男子、善女人，能於此經受持讀誦，則為如來以佛智慧，悉知是人，悉見是人，皆得成就無量無邊功德。

在開示無住生心的修行要領後，佛陀為須菩提闡述了受持本經的殊勝功德：在未來世，如果有善男子、善女人能受持讀誦《金剛經》，接受其中的法義並加以實踐，那麼如來以智慧觀察，可以清楚地了知，這些人將成就無量無邊的功德。

《金剛經》確實非常殊勝，非常透徹。這樣一種空性的修行，只要方法正確，也是可以修起來的。首先是確立中道正見，在生活中，對每個境界都能作「所謂、即非、是名」的般若正觀。在觀察過程中，對所緣對象的執著將逐漸減少。然後再作相關的空性禪修，獲得無相、無住、無所得的能力。進而安住在這種狀態，廣修一切善行。

十六、般若法門的殊勝

《金剛經》闡述的義理是無上甚深微妙法，用現在的話說，就是「怎麼想也想不出來」的。

《金剛經》中，佛陀反覆強調了無相、無所得的觀念。有些人聽聞後容易偏空，覺得既然都是空、無相、無所得，那學和不學、修和不修也就沒有區別了。佛陀為了避免我們落入這種錯誤認識，在強調無所得的同時，也再三讚歎受持《金剛經》的功德。經中通過校量功德的方式，讓我們瞭解到，對無相、無所得的體認，能夠成就無量功德。

1．與三千大千世界七寶佈施校量

須菩提！於意云何？若人滿三千大千世界七寶以用佈施，是人所得福德，寧為多不？須菩提言：甚多，世尊！何以故？是福德即非福德性，是故如來說福德多。若復有人於此經中受持，乃至四句偈等，為他人說，其福勝彼。何以故？須菩提！一切諸佛，及諸佛阿耨多羅三藐三菩提法，皆從此經出。須菩提！所謂佛法者，即非佛法。（第八　依法出生分）

第八「依法出生分」，是以三千大千世界七寶佈施校量。

• 須菩提！於意云何？若人滿三千大千世界七寶以用佈施，是人所得福德，寧為多不？

佛陀問須菩提說：在你的認識中，如果有人以裝滿三千大千世界的七寶佈施，此人獲得的福報多嗎？三千大千世界是什麼概念呢？

在佛教中，一個太陽系相當於一個小世界；一千個太陽系為一個小千世界；一千個小千世界為中千世界；一千個中千世界為大千世界。三千大千世界就是由小千、中千、大千世界組成，是一個難以想像的巨大空間。七寶，各種經典記載略有差異，主要有金、銀、琉璃、玻璃、珊瑚、瑪瑙、硨磲等，總之是世所罕見的奇珍異寶。在三千大千世界那麼大的空間中，裝滿各種珍寶，而且都用來佈施，這樣的功德有多大？

- 須菩提言：甚多，世尊！何以故？是福德即非福德性，是故如來說福德多。

須菩提尊者回答說：這一佈施的功德實在多到難以計數。為什麼這麼說呢？其實說到福德很多，也不必執著。因為福德是緣起法，其本質是空的。當我們以不著相的心看待福德，有限的福德就會成為無限，這才是真正的多。因為執著就是一種設定，有設定就是有限，而再多的有限只是有限而已。只有撤除設定，認識到福德無自性，才能成就無量無邊的福德。

- 若復有人於此經中受持，乃至四句偈等，為他人說，其福勝彼。

受持，對法義體認性的實踐。四句偈，並不是特指哪個偈頌，可以是「一切有為法，如夢幻泡影，如露亦如電，應作如是觀」，也可以是「若以色見我，以音聲求我，是人行邪道，不能見如來」，指法義的精華。

佛陀接著對須菩提說：如果有人能受持《金剛經》，哪怕僅僅受持其中的四句偈，並且為他人宣說、開示，那麼他所招感的功德，將超過以三千大千世界七寶佈施的福德。因為七寶佈施招感的只是福德，是外在的、有漏的，而受持《金剛經》能使我們開智慧、斷煩惱，世間還有什麼比這更有價值的呢？

- **何以故？須菩提！一切諸佛及諸佛阿耨多羅三藐三菩提法，皆從此經出。**

為什麼這麼說呢？為什麼受持讀誦《金剛經》的功德會這麼大呢？因為一切諸佛，及諸佛所成就的阿耨多羅三藐三菩提法，都是從《金剛經》宣說的般若法門中出生的。

佛教中，將般若稱為佛母，即諸佛之母。《心經》也說，「三世諸佛依般若波羅蜜多故，得阿耨多羅三藐三菩提。」三世諸佛之所以能成就菩提，都是因為體認到生命內在的般若智慧。這裡所說的「此經」，狹義上指《金剛經》，但從廣義上，指一切能開發般若智慧、導向無上覺悟的經典。

- **須菩提！所謂佛法者，即非佛法。**

說到《金剛經》的殊勝，可能有人會對般若法門生起執著，反而忽略這個法門指向的目標。佛陀為了破除我們的執著，進一步提醒說：所謂佛法，從教法本身來說也是緣起法，是無自性空的。我們要關心它所揭示的智慧，而不是它的表現形式。

這是《金剛經》的第一輪校量。以滿三千大千世界七寶佈施的功德，和「於此經中受持，乃至四句偈等，為他人說」的功德對比，說明依教奉行和弘揚佛法的功德。

2．與恆河沙等三千大千世界七寶佈施校量

須菩提！如恆河中所有沙數，如是沙等恆河，於意云何？是諸恆河沙寧為多不？

須菩提言：甚多，世尊！但諸恆河尚多無數，何況其沙。

須菩提！我今實言告汝：若有善男子、善女人，以七寶滿爾所恆河沙數三千大千世界，以用佈施，得福多不？

須菩提言：甚多，世尊！

佛告須菩提：若善男子、善女人於此經中，乃至受持四句偈等，為他人說，而此福德勝前福德。（第十一　無為福勝分）

第十一分為「無為福勝分」，還是校量功德。前一段是以滿三千大千世界的七寶佈施校量，此處則是以恆河沙等三千大千世界七寶佈施校量。也就是說，從原來的三千大千世界，一下子升級到恆河沙那麼多倍。

• 須菩提！如恆河中所有沙數，如是沙等恆河，於意云何？是諸恆河沙寧為多不？
佛陀問須菩提說：就像恆河中所有沙那麼多的數量，每一粒沙又相當於一條恆河，有多少沙，就有多少恆河。然後是恆河沙那麼多恆河中所有沙的總量，你覺得如何，是不是可以算很多？

• 須菩提言：甚多，世尊！但諸恆河尚多無數，何況其沙。
須菩提尊者回答說：實在是太多了。因為每粒沙相當於一條恆河，那僅僅恆河的數量已經數不勝數，何況其中的沙呢？我們知道，恆河沙又白又細，僅一條恆河中，沙的數量已經難以計算。更何況，這裡說的不是一條恆河，而是恆河沙數恆河中所有的沙。

• 須菩提！我今實言告汝：若有善男子、善女人，以七寶滿爾所恆河沙數三千大千世界，以用佈施，得福多不？
佛陀對須菩提說：我現在實話告訴你，如果有善男子善女人，用裝滿恆河沙數這麼多的三千大千世界的七寶來佈施，由此感得的福報多嗎？三千大千世界的七寶已經難以想像了，而恆河沙數恆河中所有沙那麼多的三千大千世界，還要在這麼多世界中裝滿七寶，實在無法用語言來形容。

• 須菩提言：甚多，世尊！

因為這個數字實在巨大，所以須菩提尊者也只能說：很多啊，世尊，實在非常多。

• 佛告須菩提：若善男子、善女人於此經中，乃至受持四句偈等，為他人說，而此福德勝前福德。

佛陀再次告訴須菩提說：如果有善男子、善女人，對於《金剛經》的內容，哪怕僅僅受持其中四句偈，並且為他人宣說，讓人通過經中開顯的義理契入空性，那麼他所招感的功德，將超過以七寶佈施的福德。這不是普通的七寶，而是前面所說的，裝滿恆河沙等恆河中所有沙數的三千大千世界的七寶。簡單地說，就是無量無邊的七寶。

大家有沒有辦法接受這樣的思想？對我們來說，受持《金剛經》的四句偈，似乎非常容易。平時也有很多人以讀誦《金剛經》作為日常定課，那麼，它的功德真有那麼大嗎？關於這個問題，要從兩方面去理解。

一方面，受持、讀誦、演說《金剛經》，能幫助我們開智慧，斷煩惱，究竟解除生命中的迷惑和痛苦，意義不同尋常。另一方面，七寶佈施招感的福報是有漏的，只能改善我們的生活條件而非生命品質，哪怕得到再多，也比不上無漏智慧的成就。知道這個道理後，我們才能認識到受持《金剛經》的意義所在。

對我們自己是如此，對別人也是如此。在生活中，我們可以給別人經濟幫助，但這種幫助只能暫時解決他的生活問題，有時還會帶來一些副作用，滋長依賴、貪婪、懶惰等心理。但如果我們引導對方認清世界真相，找到人生的目標和意義，就能在根本上提升他的生命品質。所以有相的財佈施並不究竟，無相的法佈施才是究竟而圓滿的，二者的意義不可同日而語。

當然，這裡「受持讀誦」並不是泛泛地讀一讀，那樣做的作用確實有限。關鍵在於契入空性，依教奉行，在一切時一切處都能無住生心，無我利他。這才是《金剛經》所說的「受持」，才能招感無量功德。

3．與恆河沙等身命佈施校量

須菩提！若有善男子、善女人，以恆河沙等身命佈施。若復有人於此經中，乃至受持四句偈等，為他人說，其福甚多。（第十三　如法受持分）

第十三分為「如法受持分」。在探討可否以三十二相見如來的問題後，佛陀以身命佈施和受持《金剛經》的功德進行校量。所謂身命佈施，即佛教所說的內財佈施，是以自己今生唯一的、不可複製的色身作為佈施。

- 須菩提！若有善男子、善女人，以恆河沙等身命佈施。

佛陀對須菩提說：如果有善男子、善女人，以恆河沙那麼多的身命佈施，由此招感的功德自然比之前的七寶佈施更勝一籌。因為七寶只是外財，雖然可貴，但可以「千金散盡還復來」，和今生唯一的色身相比，還是微不足道的。相應的，身命佈施感得的福報也就更大。

- 若復有人於此經中，乃至受持四句偈等，為他人說，其福甚多。

但如果有人能受持、讀誦《金剛經》，哪怕只是其中的四句偈，並且為他人宣說，引導他人依此經修行證道，那麼他招感的功德將超過以身命佈施的福報。

也就是說，不論外在的財富佈施，還是內在的身命佈施，都比不上受持《金剛經》的功德。因為這樣才能究竟地開智慧、斷煩惱，解決生命問題。

4・與每日三次恆河沙等身佈施校量

須菩提！若有善男子、善女人，初日分以恆河沙等身佈施，中日分復以恆河沙等身佈施，後日分亦以恆河沙等身佈施，如是無量百千萬億劫以身佈施。若復有人聞此經典，信心不逆，其福勝彼，何況書寫、受持、讀誦、為人解說。須菩提！以要言之，是經有不可思議、不可稱量無邊功德。如來為發大乘者說，為發最上乘者說。若有人能受持讀誦，廣為人說。如來悉知是人，悉見是人，皆得成就不可量、不可稱、無有邊、不可思議功德。如是人等，則為荷擔如來阿耨多羅三藐三菩提。何以故？須菩提！若樂小法者，著我見、人見、眾生見、壽者見，則於此經不能聽受讀誦，為人解說。須菩提！在在處處，若有此經，一切世間天、人、阿修羅所應供養。當知此處則為是塔，皆應恭敬，作禮圍繞，以諸華香而散其處。（第十五　持經功德分）

第十五分為「持經功德分」。《金剛經》的校量功德是不斷升級的，比如七寶佈施，從三千大千世界七寶佈施，到恆河沙等世界七寶佈施。然後升級到恆河沙等身命佈施，接著是數量上的升級，不是佈施一次，而是每日三次以身命佈施，進而是無量百千萬億劫以身命佈施。

• 須菩提！若有善男子、善女人，初日分以恆河沙等身佈施，中日分復以恆河沙等身佈施，後日分亦以恆河沙等身佈施，如是無量百千萬億劫以身佈施。

印度人將一天分成晝夜六時，白天有初中後三時，初時為六點到十點，中時為十點到兩點，後時為兩點到六點。佛陀對須菩提說：如果有善男子、善女人，每天初時以恆河沙等身命佈施，中時同樣以恆河沙等身命佈施，後時還是以恆河沙等身命佈施。當然這只是比喻，用來形容他佈施之心的廣大和堅定。這麼做，不是一天兩天，不是一年兩年，而是長達無量百千萬億劫都堅持不懈。由此招感的福德自然無量無邊，不可窮盡。

• 若復有人聞此經典，信心不逆，其福勝彼，何況書寫、受持、讀誦、為人解說。

如果有人聽聞《金剛經》之後，能生起堅定不移的信心，沒有任何懷疑和不接納，那麼他所招感的功德，將超過每日三次以恆河沙等身命佈施的福報。僅僅生起信心就有如此功德，何況是抄寫、讀誦、依教奉行、為他人演說，更是功德無量。因為這是在自利的同時，進一步利益他人；在自己覺悟的同時，進一步覺悟他人。

• 須菩提！以要言之，是經有不可思議、不可稱量無邊功德。如來為發大乘者說，為發最上乘者說。

通過之前一系列的校量，佛陀就受持讀誦本經的功德，對須菩提作了總結性的開示：總而言之，《金剛經》具有我們難以想像的無量功德。這部經典是如來為大乘根機者所說，而且是為福德最深、根機最利的最上乘者所說。從所攝根機來看，金剛般若法門的確起點很高、難度很大。如果不是善根極其深厚，很難對這樣一部經典真正生起信心，信受奉行。

- 若有人能受持讀誦，廣為人說。如來悉知是人，悉見是人，皆得成就不可量、不可稱、無有邊、不可思議功德。

如果有人能對《金剛經》生起淨信，受持、讀誦此經，並且廣泛地為人宣說，讓人瞭解其中深意。如來以無量智慧完整地了知並看到，這些人都將成就難以計算、無邊無際、不可思議的功德。因為他所成就的是無漏功德，從數量來說是無量無邊的，從層次來說是至高無上的。

而前面所說的七寶佈施、身命佈施，都是有限而有漏的。當然，如果我們以菩提心、無所得之心行七寶和身命佈施，同樣能成就無限、無漏的功德。但這種功德的成就，也離不開受持讀誦《金剛經》。只有在般若智慧的引導下，我們才能發起勝義菩提心，廣修佈施，莊嚴國土，並在利他過程中保有空性正見，而不是落入事相。

- 如是人等，則為荷擔如來阿耨多羅三藐三菩提。何以故？須菩提！若樂小法者，著我見、人見、眾生見、壽者見，則於此經不能聽受讀誦，為人解說。

佛陀接著開示說：能夠受持讀誦此經、實踐般若法門的人，才有能力體認無上菩提。為什麼這麼說？如果住於人天善法或聲聞教法，執著我見、人見、眾生見、壽者見，其實是沒能力受持《金剛經》並為人解說的。因為他們的根機不夠，與如此甚深的法門不能相應，也無法接受。顯然，本經所說的受持讀誦，和通常所說的誦經不同。如果只是平常地念一念，是無法招感這麼多功德的。

• 須菩提！在在處處，若有此經，一切世間天、人、阿修羅所應供養。當知此處則為是塔，皆應恭敬，作禮圍繞，以諸華香而散其處。

佛陀對須菩提說：在任何一個地方，只要有《金剛經》，或是有人實踐金剛般若法門，那麼一切天道、人道、阿修羅道的眾生都應該恭敬供養。並且要知道，有此經之處就是塔的所在，應該虔誠地禮拜、右繞，並以種種香花作為供養。塔是佛教的標誌性建築，一般用來供養聖者遺骨或經書等。《金剛經》雖然只有五千餘言，但闡明了無上甚深的般若法門，所以此經所在處，就象徵著高樹法幢，是無形的塔。

以上，通過與三千大千世界七寶佈施、恆河沙等三千大千世界七寶佈施、恆河沙等身命佈施、每日三次恆河沙等身命佈施的校量，層層遞進。雖然參照物在不斷增上，但依然不及

讀誦受持《金剛經》的功德，由此顯示般若法門的無比殊勝。

5．與供養無量諸佛功德校量

復次，須菩提！善男子、善女人，受持讀誦此經，若為人輕賤，是人先世罪業應墮惡道，以今世人輕賤故，先世罪業則為消滅，當得阿耨多羅三藐三菩提。

須菩提！我念過去無量阿僧祇劫，於燃燈佛前，得值八百四千萬億那由他諸佛，悉皆供養承事，無空過者。若復有人於後末世，能受持、讀誦此經，所得功德，於我所供養諸佛功德，百分不及一，千萬億分乃至算數、譬喻所不能及。

須菩提！若善男子、善女人於後末世，有受持、讀誦此經，所得功德，我若具說者，或有人聞，心則狂亂，狐疑不信。須菩提！當知是經義不可思議，果報亦不可思議。（第十六　能淨業障分）

第十六分為「能淨業障分」。前面都在說受持、讀誦《金剛經》有多少功德，讓我們覺得一誦此經就能戰無不勝、所向披靡。此處，佛陀提到另一種情況，即受持、讀誦《金剛經》

後遇到違緣，這是為什麼呢？在解說這個問題後，佛陀接著以供養無量諸佛的功德進行校量。

> • 復次，須菩提！善男子、善女人，受持讀誦此經，若為人輕賤，是人先世罪業應墮惡道，以今世人輕賤故，先世罪業則為消滅，當得阿耨多羅三藐三菩提。

佛陀告訴須菩提，也提醒我們這些後世佛弟子說：如果有善男子、善女人受持讀誦《金剛經》後，反而被別人輕視，瞧不起，不必擔心，也不必沮喪。這並不是什麼壞事，也不意味著受持讀誦《金剛經》沒有功德，而是因為此人在過去生曾經造作罪業。按照由因感果的原理，他本來會由於這些罪業墮落惡道，長劫受苦，但因為讀誦受持《金剛經》的功德，今生僅僅感得受人輕視的果報，就化解了往昔造作的惡道之因。這些罪業消除之後，就能迅速成就無上菩提。

在無盡輪迴中，我們曾造作無量罪業，如果必須一一償還後才能成佛，就沒有盡頭了。所以佛陀告訴我們，讀誦《金剛經》能使重業輕報，迅速減輕業障。這樣的情況，不少修行人都曾遇到過。

通過以上經文可以瞭解到，如果因為學佛被人誤解、輕視或遭遇種種違緣，不必因此沮喪，更不應該心生退意，而要感恩這些狀況，讓我們能儘快集資淨障。

• 須菩提！我念過去無量阿僧祇劫，於燃燈佛前得值八百四千萬億那由他諸佛，悉皆供養承事，無空過者。

佛陀告訴須菩提說：我憶念自己在過去無量阿僧祇劫以來，在燃燈佛座下修行之前，曾經遇到八百四千萬億那由他諸佛出世，我對他們都一一地恭敬供養，從來沒有遺漏。以大乘佛教的觀點來看，在法界中，過去諸佛就像恆河沙那麼多。佛陀在因地修行時，不僅對他們行廣大供養，而且堅持不懈，從無疲厭。

• 若復有人於後末世，能受持、讀誦此經，所得功德，於我所供養諸佛功德，百分不及一，千萬億分乃至算數、譬喻所不能及。

諸佛是最殊勝的福田，所以供養諸佛功德廣大，不可思議。更何況，這不是供養一尊佛，而是長時間、從不間斷地供養無量諸佛。即使這麼大的功德，如果有人在未來世能讀誦、受持《金剛經》，相比他所得到的功德，我（釋迦佛自稱）供養千萬億那由他諸佛的功德，也是遠遠比不上的。甚至還不到百分之一，不到千萬億分之一，甚至怎麼計算、怎麼比喻都不為過。因為這兩種校量的功德中，有一種是無窮大，怎麼可能算得清、說得清呢？

• 須菩提！若善男子、善女人於後末世，有受持讀誦此經，所得功德，我若具說者，或有人聞，心則狂亂，狐疑不信。

佛陀囑咐須菩提說：如果有善男子、善女人，在未來世能受持、讀誦《金剛經》，他們所得到的功德，我具體地一一闡述出來，那麼有人聽了之後會承受不了，而且完全無法相信。也就是說，受持讀誦《金剛經》的功德，已經超過這些人的想像，也超過這些人的心理承受能力。

但我們也不要因為自己聽了以後沒有「心則狂亂」就沾沾自喜，以為自己的根機更好。真實的情況是，這些對我們來說只是個說法，聽聽而已，並沒有深入思惟。換言之，對這一甚深法門還沒產生反應。沒有狂亂或不信，其實是麻木而非接受的表現。就像你聽到某人得到一萬億，反應可能只是一聲「哦」；而聽到自己將得到一萬億，第一反應恐怕是「怎麼可能」吧。

• **須菩提！當知是經義不可思議，果報亦不可思議。**

佛陀向須菩提總結說：你要知道，《金剛經》闡述的義理是無上甚深微妙法，實在不可思議，它所招感的功德果報也不可思議，超過了我們可以思惟和想像的範疇。用現在的話說，就是「怎麼想也想不出來」。

6．與三千大千世界須彌山等七寶佈施校量

須菩提！若三千大千世界中所有諸須彌山王，如是等七寶聚，有人持用佈施。若人以此《般若波羅蜜經》，乃至四句偈等，受持、讀誦、為他人說，於前福德百分不及一，百千萬億分乃至算數、譬喻所不能及。（第二十四 福智無比分）

第二十四分為「福智無比分」，是以三千大千世界須彌山等七寶校量。須彌山王，又稱妙高山，為諸山之王，佛教認為它是一個小世界的中心。佛陀對須菩提說：如果一個人以三千大千世界中所有須彌山王那麼多的七寶佈施，而另一個人能讀誦、受持這部《般若波羅蜜經》，或僅僅是其中的四句偈，依教奉行，為人演說。兩相比較的話，以三千大千世界須彌山等七寶佈施的功德，還不及受持《金剛經》的百分之一、百千萬億分之一，乃至沒辦法計算，也沒辦法比喻。

7．與無量七寶佈施校量

須菩提！若有人以滿無量阿僧祇世界七寶持用佈施，若有善男子、善女人發菩提心者，持於此經，乃至四句偈等，受持讀誦，為人演說，其福勝彼。

云何為人演說？不取於相，如如不動。何以故？一切有為法，如夢幻泡影，如露亦如電，應作如是觀。

佛說是經已，長老須菩提及諸比丘、比丘尼、優婆塞、優婆夷，一切世間天、人、阿修羅，聞佛所說，皆大歡喜，信受奉行。（第三十二 應化非真分）

第三十二分是「應化非真分」，也是本經的結束部分。到這裡，佛陀再一次對受持本經的功德作了校量。在《金剛經》的短短五千餘言中，佛陀反覆提醒我們：本經極為殊勝，受持本經功德無量，可謂苦口婆心。

• 須菩提！若有人以滿無量阿僧祇世界七寶持用佈施，若有善男子、善女人發菩提心者，持於此經，乃至四句偈等，受持讀誦，為人演說，其福勝彼。

佛陀對須菩提說：如果有人以裝滿無量阿僧祇世界的七寶佈施，而有善男子、善女人發菩提心，受持《金剛經》，哪怕僅僅是其中四句偈頌，不僅自己理解、接受並實踐，而且為人演說，那麼後者招感的功德將超過前者。

讀誦《金剛經》的人雖然多，但能體會《金剛經》的甚深義理，並學會用般若正觀來修行生活的人並不多。這就必須從發勝義菩提心開始，建立中觀正見，由體認無我、無相、無所得，而能無住生心，廣泛利益一切眾生，才是真正受持金剛般若法門。具備這樣的心行，當下就能得大自在。

- **云何為人演說？不取於相，如如不動。**

之前，佛陀再再強調了受持《金剛經》和為人演說的功德，那麼究竟怎樣為人演說呢？因為般若法門義理甚深，理解起來都不容易，何況是為人宣說，難度就更大了。所以佛陀告訴我們：這就必須通達空性，不執著於我相、人相、眾生相、壽者相，也不執著於有相、空相。唯有超越對一切相的執著，我們才能隨眾生的根機善巧說法，同時無住生心，如如不動。如果著相，就會心隨境轉，或執著自己的所說，就不是中觀正見了。

- **何以故？一切有為法，如夢幻泡影，如露亦如電，應作如是觀。**

為什麼要這樣說法呢？佛陀接著所說的偈頌，是整部《金剛經》最為人熟知的四句話：一切有造作的世間法，就像夢那麼縹緲，像魔術師變現的幻影那麼虛假，像水上的泡沫那麼不實，像太陽下的影子那麼空洞，像露水那麼短暫，像閃電那麼無常……我們應該經常作這樣的觀想，對有為法的執著就會隨之減少。一方面認識到它的空，一方面認識到它只是因緣假相。對任何法都這樣認識，就不會被世間的種種假相所蒙蔽，所束縛，所困擾。

《金剛經》前後通過七次校量，來說明受持本經的功德。其中，六次是與佈施功德進行校量，一次是與供養諸佛的功德進行校量。佈施和供養雖有相似之處，但對象和心行狀態不同。供養是面對最神聖的所緣，以最恭敬的心來奉獻。但不論多麼廣大的佈施、多麼殊勝的供養，都無法與受持、弘揚本經的功德相比。這也正是「諸供養中，法供養最」的明證。

十七、心為何物

內心的情緒和煩惱，歸根結底，都是念頭而已。
學會觀照內心，審視念頭，念頭當下就會被弱化，甚至被空掉。

以上說到的佛果、佛身，包括我們信仰的對象、修行的結果，都屬於所緣對象。修行，首先要以般若正觀對所緣對象建立正確認識，糾正原有的錯誤看法。而認識能達到什麼程度，是取決於我們的認識能力，取決於我們擁有什麼樣的心。所以，佛法又稱心法，最終還要指向心這個原點。

心到底是什麼？本經開頭就提出：「應云何住？云何降伏其心？」事實上，整部《金剛經》都在為我們回答這兩個問題。除了前面所說的般若正觀、無相無住的修行，佛陀還有哪些開示呢？

須菩提！於意云何？如來有肉眼不？
如是，世尊！如來有肉眼。
須菩提！於意云何？如來有天眼不？
如是，世尊！如來有天眼。
須菩提！於意云何？如來有慧眼不？
如是，世尊！如來有慧眼。
須菩提！於意云何？如來有法眼不？
如是，世尊！如來有法眼。
須菩提！於意云何？如來有佛眼不？

如是，世尊！如來有佛眼。

須菩提！於意云何？恆河中所有沙，佛說是沙不？

如是，世尊！如來說是沙。

須菩提！於意云何？如一恆河中所有沙，有如是沙等恆河，是諸恆河所有沙數，佛世界如是，寧為多不？

甚多，世尊！

佛告須菩提：爾所國土中所有眾生，若干種心，如來悉知。何以故？如來說諸心，皆為非心，是名為心。所以者何？須菩提！過去心不可得，現在心不可得，未來心不可得。（第十八　一體同觀分）

第十八分為「一體同觀分」。前面佛陀反覆開示過，成佛是成就無所得的智慧。但要知道，這個「無所得」不是什麼都沒有，其中還蘊含著無量功德。佛陀為了避免我們在修行上落入斷見，就如來是否成就五眼六通、一切種智的問題作了開示。

• 須菩提！於意云何？如來有肉眼不？

佛陀問須菩提說：在你的認識中，如來有肉眼嗎？肉眼，就是像常人那樣的眼睛。當然，如來肉眼的品質遠遠高於常人。

• 如是，世尊！如來有肉眼。

須菩提尊者回答說：的確如此，如來是有肉眼的。在佛陀的三十二相中，第二十九為「眼色如紺青相」，第三十為「眼睫如牛王相」。可見佛陀不但有肉眼，而且清澈、莊嚴、炯炯有神。

• 須菩提！於意云何？如來有天眼不？

佛陀問須菩提說：在你的認識中，如來有天眼嗎？天眼，不僅可以看到遠近明暗，還可以看到過去和未來。除了生來具備天眼的色界諸天外，其他眾生可以通過禪定成就這一神通，為修得。

• 如是，世尊！如來有天眼。

須菩提尊者回答說：的確如此，如來是有天眼的。當年佛陀在菩提樹下禪坐時，通過修習四禪成就了天眼。

• 須菩提！於意云何？如來有慧眼不？

佛陀問須菩提說：在你的認識中，如來有慧眼嗎？慧眼，即以空性慧通達空性，能了知諸法實相。

• 如是，世尊！如來有慧眼。

須菩提尊者回答說：的確如此，如來是有慧眼的。

• 須菩提！於意云何？如來有法眼不？

佛陀問須菩提說：在你的認識中，如來有法眼嗎？法眼，通達一切法的實相和差別。不僅看到諸法空相，也了知從空出有的種種差別。

• 如是，世尊！如來有法眼。

須菩提尊者回答說：的確如此，如來是有法眼的。

• 須菩提！於意云何？如來有佛眼不？

佛陀問須菩提說：在你的認識中，如來有佛眼嗎？佛眼，只有諸佛才具有的。因為成就道種智、一切種智，成就如所有智、盡所有智，故能親見一切法的非空非有、不可思議。

在前面四法中，肉眼是常人就具備的。除了肉眼之外，其他的天眼、慧眼、法眼和佛眼，雖然也稱之為「眼」，但都不是眼根、眼識的作用，而是心具備的能力。天眼是天人和禪者可以具備的，慧眼是聲聞行者可以具備的，法眼是大菩薩們可以具備的，而佛眼唯有究竟圓滿的諸佛才具備。

- 如是，世尊！如來有佛眼。

須菩提尊者回答說：的確如此，如來是有佛眼的。

- 須菩提！於意云何？恆河中所有沙，佛說是沙不？

五眼的問答後，佛陀又問須菩提說：在你的認識中，恆河中所有的沙，佛陀也把那些稱之為沙嗎？在人們的想像中，如來既然有那麼多眼睛，看到的世界肯定和我們完全不同。對於恆河沙，佛陀恐怕不會和我們一樣稱之為沙吧？要知道，佛陀說法是不違世俗諦，不違因緣假相的，即四悉檀中的世界悉檀。既然眾生認為是沙，那麼佛陀在對我們說法時，以肉眼在世俗諦層面看到的，也同樣是沙。當然，佛陀還有天眼、慧眼、法眼和佛眼，所以這種「一樣」又是「不一樣」的。此外，同一事物的存在還有不同層面，以不同的認識和業力，所見也是有差別的。

- 如是，世尊！如來說是沙。

須菩提尊者回答說：的確如此，如來也說那些是沙。

• 須菩提！於意云何？如一恆河中所有沙，有如是沙等恆河，是諸恆河所有沙數，佛世界如是，寧為多不？

佛陀問須菩提說：在你的認識中，如果恆河中的每粒沙等於一條恆河，那麼恆河沙數那麼多恆河中所有的沙（即恆河沙的平方），每一粒沙是一個佛世界，這顯然是驚人的天文數字。對於這麼多佛世界，你覺得是不是很多？恆河沙是佛陀經常使用的一個比喻，因為他常在恆河兩岸說法，以恆河沙為喻，聽者很容易理解，這就是契機。

我們今天說法，也要用現代人喜聞樂見的語言表達，否則人們會覺得佛法很遙遠，和現實沒關係，聽了沒感覺。所以在弘法的表現方式上，我們要找到適合當代的契入點。在這方面，佛陀是我們的典範。

• 甚多，世尊！

須菩提尊者回答說：確實非常多，世尊！

• 佛告須菩提：爾所國土中所有眾生，若干種心，如來悉知。

佛陀告訴須菩提說：在恆河沙數平方那麼多的佛世界中，每個世界又有無量眾生，每個眾生還有種種心行，對於所有這些眾生心以及它們的差別，如來都瞭若指掌。

為什麼呢？我們知道，佛陀十大名號之一為正遍知，就是了知一切的智慧。這種知是超越妄知的，為「不知之知」。其實，我們意識的背後也蘊含這種遍知的能力，只是當心陷入念頭時，這種能力被掩蓋了，不起作用。佛陀圓滿開發了這一智慧，故能了知無量眾生、種種心行的差別。

• **何以故？如來說諸心，皆為非心，是名為心。**

為什麼如來可以了知種種心的差別？因為所有這些心理都是因緣和合而成，其本質也是空性，只是假名安立為「心」而已。我們在禪修中，就要去觀照心的本質。當念頭生起時，看看這些念頭從哪裡來？當你這麼檢視的時候，會發現念頭是無形無相、了不可得的。所以說，念頭的背後就是空性智慧。

當心沒有陷入執著，能對念頭進行檢視，就是觀照力在產生作用。當然，這種觀照力還帶有意識的作用。如果我們把觀照也放下，在空空蕩蕩的背後，就會顯現遍知的作用。這種「明瞭」不是意識的造作，而是心本身具備的明性。空是代表空性的層面，明是代表空性慧的作用，二者是一體的，所謂「空明不二」。換言之，明性是建立在空性的基礎上。我們體會到空性，明性就能生起。因為有了明性，所以才能體會到空性。

我們內心總有這樣那樣的情緒和煩惱，歸根結底，都是念頭而已。如果我們學會觀照內心，審視念頭，當觀照力生起時，念頭當下就會被弱化，甚至被空掉——因為這些念頭只是因緣假相而已，是無自性的。我們由於無明，由於攀緣外境，進而發展出種種心理，就像《楞嚴經》所說的「前塵影象」。這些心理或是和經歷有關，或是和某人有關，或是和家庭有關，或是和對某個問題的認識有關。它們不是天生的，也不是固定不變的，而是代表我們在無盡生命中的積累。

正是這些心理的積累，造成了我們現有的心態和人格。當我們缺乏觀照時，這些心理會恣意生長，就像黑暗世界的王者，牢牢地控制我們。一旦開發內在的觀照力，就能驅散無明暗夜。而那些在黑暗中如此強勁的妄心，也會失去依附，無處遁形。

- **所以者何？須菩提！過去心不可得，現在心不可得，未來心不可得。**

這番話就是《金剛經》著名的「三心不可得」，禪宗公案中多有記載。

佛陀告訴須菩提：為什麼如來說這些心是「非心」呢？又該如何認識自己的心？人都是活在念頭中，這就是我們的整個生活，也是輪迴大廈的基礎。可這些念頭並不真實，也沒有自性。如果對內心加以審視，會發現過去的念頭已經過去，未來的念頭尚未到來，都是了不可得的。至於當下的心，其實也是找不到的。因為它不在內，不在外，無形無相，無跡可尋。禪宗的參話頭，就是讓我們通過一路追尋，直接認識心的本質。

凡夫最大的特點就是迷妄，看不清自己的心，也看不清念頭的來龍去脈，總是不知不覺被心念的瀑流裹挾著。在這種強大的相續中，根本就身不由己。所以修行首先要從聞思開始，樹立佛法正見。

般若有文字般若、觀照般若、實相般若。我們學習《金剛經》，是通過文字般若獲得空、無相、無所得的中道正見，然後運用正見觀照每個起心動念，觀照我們面對的每個問題。包括信仰對象、修行過程、成就目標，都要用般若正觀加以審視。在觀照過程中，令凡夫心得以弱化，逐步平息，我們才有能力從念頭中跳出。再來審察內心，通過「覓心了不可得」的追尋，令內在明性得以顯現，成就無所得的智慧。

十八、廣修善法，成就菩提

凡是能將我們導向無上菩提的，都稱為善行。
以空性慧加以觀照，以無住、無所得的心廣修善法。

《金剛經》的修行，從所緣的境，說無相、無所得；從能緣的心，覓心了不可得。這是否意味著，修行什麼都不要做呢？如果覺得什麼都不要做，什麼善法都不要修，就會偏空，甚至落入斷滅見，而且無法積累福德，成就慈悲。金剛般若法門屬於大乘菩薩道，佛陀為了避免我們走上極端，特別告誡我們要廣修善法。

須菩提！是法平等，無有高下，是名阿耨多羅三藐三菩提。以無我、無人、無眾生、無壽者，修一切善法，則得阿耨多羅三藐三菩提。須菩提！所言善法者，如來說即非善法，是名善法。（第二十三　淨心行善分）

第二十三分是「淨心行善分」，說明要修一切善法，才能成就無上菩提。

- 須菩提！是法平等，無有高下，是名阿耨多羅三藐三菩提。

佛陀叮囑須菩提說：阿耨多羅三藐三菩提是平等一味的，沒有差別，也沒有高下之分。這也體現了佛陀對空性的圓滿證悟——從法身層面來說，一切都是平等無別的；而從報身、化身來說，才是有差別的。

- 以無我、無人、無眾生、無壽者，修一切善法，即得阿耨多羅三藐三菩提。

阿耨多羅三藐三菩提的成就，包括見和行兩方面。見是無我的空性正見，不僅指人無我，也指法無我。以無我正見修一切善法，和《菩提道次第略論》所說的「方便與慧，任缺其一，不可成佛」是一致的。

有些人以為，見性就能解決一切問題，直達佛果，不需要修什麼善法，也不需要修種種利他行。這是對大乘佛教缺乏完整的理解。對菩薩道的修行來說，菩提心和空性見缺一不可。成佛不僅要成就智慧，還要成就福德，成就慈悲，否則是不圓滿的。因為佛陀成就的無上菩提，是慈悲和智慧的究竟圓滿。從因上來說，必須有方便，有智慧。

而菩薩道修行和世間善法的區別，是在於空性正見。如果行善時還有我相乃至壽者相，就是人天善法，有漏之因，不能導向無上佛果。如果有佈施的相，有度眾生的相，有莊嚴國土的相，就會像達摩對梁武帝的回應那樣——「實無功德」。如果要成為無上菩提之因，必須無住生心，無我、無人、無眾生、無壽者。

從六度的修行來說，前五度要在般若引導下，才能成為菩提之因，所謂「五度如盲，般若如導」。所以說，見和行是相互的。僅有正見而沒有善行，只能成就智慧；僅修善行而缺乏正見，只能成為人天善法，屬於三界因果。所以佛陀在《金剛經》明確指出，成就無上菩提是見與行的結合。這個一切善法包括戒、定、慧，也包括六度四攝。凡是能將我們導向無上菩提的，都稱為善行。

佛果的成就有三德二利。三德為斷德、智德、悲德。斷德是斷除一切煩惱，智德是成就一切智慧，悲德是成就一切慈悲。二利就是自利和利他，由圓滿自利到圓滿利他。所有這些，包括三十二相、八十隨形好，都來自多生累劫的積累。

• 須菩提！所言善法者，如來說即非善法，是名善法。

佛陀講到修習善法的重要，又擔心有人執著善法，所以再次對須菩提說：善法也是因緣假相，是無自性的。我們修善法時，必須以空性慧加以觀照，認識到其本質就是空性，以無住、無所得的心廣修善法，才能成就阿耨多羅三藐三菩提。

雖然瞭解到善法的本質就是空性，但從世俗諦的角度，依然認識到善法的意義，依然積極利他，毫無疲厭。如果因為看清善法本質是空就不修了，那是偏空；如果以為善法是實實在在的，就落入凡夫的有見和常見。作為菩薩行者，既不能住於空，也不能落入有，這樣才能保持中道。

十九、如來的境界

無所來亦無所去，就像「千江有水千江月」，江水清了，月亮自然映照其中，顯現出來。

這部分是關於如來的境界。前面說過，如來有三十二相，但又不能以三十二相見如來。那麼，如來究竟是怎樣的呢？

須菩提！若有人言，如來若來若去，若坐若臥，是人不解我所說義。何以故？如來者，無所從來，亦無所去，故名如來。（第二十九　威儀寂靜分）

第二十九分為「威儀寂靜分」。所謂威儀，是指行住坐臥有威德，有儀則。在聲聞戒中，佛制比丘有三千威儀，即所有行為都有相應規則，不可任意妄為，這樣才能體現一個出家人莊嚴、寂靜、脫俗的氣質。《金剛經》所說的威儀，重點不在行住坐臥的外相，而是從空性來認識的。

- **須菩提！若有人言，如來若來若去，若坐若臥，是人不解我所說義。**

佛陀對須菩提說：如果有人認為，如來有來有去、有坐有臥。比如今天到舍衛城乞食，明天又到竹林精舍說法，就像世間的人到哪裡去，又從哪裡回來，諸如此類。如果以這樣一種眼光看待如來，內心執著來去的想法，就沒有理解如來所說的法義，是以凡夫知見揣度如來，是凡夫而非如來的境界。

• 何以故？如來者，無所從來，亦無所去，故名如來。

為什麼這麼說？如來的境界究竟是什麼？如來之所以被稱為「如來」，是因為他證悟了如實的真理，也就是空性。在空性層面，是沒有來也沒有去，沒有坐也沒有臥，沒有動也沒有靜的。因為空性超越時空，超越思惟概念，也超越一切差別。雖然在緣起顯現上是有來有去的，但這種來去是應眾生因緣的自然顯現。就像「千江有水千江月」。江水清了，月亮自然映照其中，顯現出來。

《解深密經・如來成所作事品》也講到，如來是「非心意識生起所顯」。如來的行動不是有心，不是帶著一種想法或目的，只是隨眾生的因緣，在悲心作用下的自然顯現。雖然在世俗意義上有來有去，但這種來去又不住於來去相。因為如來安住在無所來亦無所去的狀態，所以來的當下就沒有來，去的當下也沒有去。在無來無去的狀態下，又不妨來去，不妨有千百億化身。如果說如來也有想法、有執著，就不可能有千百億化身。就像我們想著某件事的時候，無法一心二用；做著某件事的時候，也無法再做別的事。但如來是無心的，並不是在意識層面行事，而是成就了正遍知，所以能普應十方，無所不知。

總之，我們說如來有來有去，或者說如來沒有來去，都有失偏頗。針對眾生的這種執著，佛陀說如來「無所來亦無所去」。準確地說，是在勝義諦上沒有來去，而在世俗諦上不妨來去。來去的同時，就是不來不去；不來不去的當下，又不妨有來有去。

二十、佛眼看世界

怎麼看，決定了我們怎麼做，進而決定了我們的生命品質。
正確認識世界，是樹立正見、成就解脫的重要基礎。

學佛，要以佛法正見替換原有的錯誤觀念，解除迷惑煩惱，最終開啟生命內在的智慧，這是之前一再強調的。可能有人覺得重複，覺得簡單。事實上，如果真能從佛法的角度看世界，還會有顛倒、妄想、執著嗎？還會有煩惱、痛苦、輪迴嗎？怎麼看，就決定了我們怎麼做，進而決定了我們的生命品質。那佛陀是怎麼看待世界的呢？

須菩提！若善男子、善女人，以三千大千世界碎為微塵，於意云何，是微塵眾寧為多不？
甚多，世尊！何以故？若是微塵眾實有者，佛則不說是微塵眾。所以者何？佛說微塵眾，則非微塵眾，是名微塵眾。世尊！如來所說三千大千世界，則非世界，是名世界。何以故？若世界實有者，則是一合相。如來說一合相，則非一合相，是名一合相。
須菩提！一合相者，則是不可說，但凡夫之人貪著其事。（第三十　一合相理分）

第三十分為「一合相理分」，是對佛教如何看世界的描述。

- 須菩提！若善男子、善女人，以三千大千世界碎為微塵，於意云何，是微塵眾寧為多不？

佛陀問須菩提說：如果善男子、善女人，將三千大千世界碎為微塵，那麼在你的認識中，這些微塵可以算多嗎？

前面說過三千大千世界，我們知道，這是一個巨大到難以想像的空間。而微塵是什麼呢？古印度哲學認為，把物質反覆分割到最小的單位就是「極微」，是世界形成的基本元素。西方哲學有原子論，原理也是同樣。當然這個微塵也可以是比喻，即小到不能再小。要把這麼大的三千大千世界全部粉碎為微塵，會是怎樣的情景呢？「鋪天蓋地」都不足以形容。

- 甚多，世尊！何以故？若是微塵眾實有者，佛則不說是微塵眾。

須菩提尊者回答說：那確實非常之多，為什麼呢？因為在世人眼中，包括在部派佛教學者眼中，都認為微塵很多。但以般若正見觀照，微塵並不是實有的，其存在只是因緣假相，並沒有獨存、不變、不可分割的微塵。如果這些微塵實實在在的話，佛陀就不會說這些是微塵了。

- 所以者何？佛說微塵眾，則非微塵眾，是名微塵眾。

為什麼說微塵眾不是實有呢？以佛陀的智慧來看，微塵的存在也是無自性的，只是在緣起現象上安立了「微塵」的假名，並非實有。

《金剛經》中，佛陀反反覆覆地告訴我們，從最大的世界，到最小的微塵，包括山河大地、草木叢林、日月星辰，及各種動物、植物，從物理到心理，從個體到社會，一切的一切，都要用空性慧來觀照，也就是「所謂……即非……是名……」的三句式。所謂，是闡述這個問題；即非，是說明其空性本質；是名，是在緣起現象安立的假名。

僧肇法師在《肇論》中也告訴我們：「道遠乎哉，觸事而真；聖遠乎哉，體之即神。」這個道就是空性，它離我們遠不遠？事實上，我們遇到的一切現象都是大道。如果能以空性慧觀照，每個有的當下就是空，每個存在的當下就是空性，這就是「道不遠人」之理。道是無所不在的，關鍵是有體認大道的智慧。聖人離我們遙遠嗎？只要我們體認到生命內在的覺悟潛質，當下就是聖賢，就是佛菩薩了。所以，我們能看到什麼樣的世界，關鍵在於具備什麼樣的認識。如果以凡夫的無明和錯誤觀念看世界，只能看到一個扭曲的世界、輪迴的世界。但能以空性慧觀照的話，當下就是清淨無染的，是淨土而非娑婆。

• **世尊！如來所說三千大千世界，則非世界，是名世界。**

接著，須菩提尊者又向佛陀報告了他對世界的看法：如來所說的三千大千世界，也是緣起的，無自性的，其本質就是空性，只是安立了世界的假名。

• **何以故？若世界實有者，則是一合相。**

為什麼這麼說？如果世界是實有的話，那就是一合相。所謂一合相，是指由眾多極微組成的有形物質。如世界由無數微塵聚集而成，故稱「一合相」；人體由四大五蘊組成，也是「一合相」。

- 如來說一合相，則非一合相，是名一合相。

這個統一體是什麼狀態呢？是不是獨存、不依賴條件的呢？其實，哪怕再大的世界，也是眾緣和合而成，是緣生緣滅的。所以如來說一合相的本身，也是無自性空的，只是叫作一合相而已。就像汽車是一合相，桌子是一合相，房子是一合相，乃至世間萬物都是一合相。雖然它們看起來有形狀有體積，貌似實實在在的，看得見摸得著，但本質上是空的，只是由眾多條件的和合而顯現。一旦條件敗壞，它們就不存在了。

- 須菩提！一合相者，則是不可說，但凡夫之人貪著其事。

佛陀進一步對須菩提開示說：一合相只是緣起的現象，其本質就是空性。但凡夫因為不能正確認識一合相，就會執著自己對一合相賦予的錯誤設定，由此建立我法二執，從而看不到其中真相。

這個問題非常重要。因為正確認識世界，是樹立正見、成就解脫的重要基礎。通過以上闡述，引導我們對微塵和世界建立智慧觀照，通過觀照般若成就實相般若。

結束語

本次採用了比較特殊的方式修學《金剛經》。雖然沒有逐字逐句地全文解讀，但經中闡述的主要問題都涉及了。從發菩提心、無我度生，到如何正確認識如來身相、認識佛果的成就、認識我們所學的法，還有如何修習六度、修菩薩行、莊嚴國土等。既有對信仰對象的認識，也有對修行法門和結果的闡述，包括了見、行、果的完整次第。

《金剛經》的中道智慧，主要體現為無我、無相、無所得，而表現方式主要是「所謂、即非、是名」的三句式。由這種中道正見，最終成就無住的修行。在本經闡述的修行中，首先是以無我、無相、無所得，掃除對有的執著，掃除我們建立的一切執著。在這些支撐點被逐步掃除之後，佛陀擔心我們偏空，所以又不斷提出中道正見，幫助我們完整地看待問題。既認識到空的一面，又看到因緣假有的一面。

偏有會落入常見，偏空會落入斷見。中道正見則是幫助我們擺脫二邊之見，成就無所得的智慧。無論修習佈施、持戒、忍辱，還是莊嚴國土、度化眾生，都能心無所住。雖然無所得，無所住，但因為有慈悲，又能廣泛利益眾生。所以，菩薩證悟的是無住涅槃，智不住生死，悲不住涅槃。

金剛般若波羅蜜經（全文三十二分）

姚秦 三藏法師 鳩摩羅什 譯

【第一 法會因由分】

如是我聞：一時，佛在舍衛國祇樹給孤獨園，與大比丘眾千二百五十人俱。爾時，世尊食時，著衣持鉢，入舍衛大城乞食。於其城中，次第乞已，還至本處。飯食訖，收衣鉢，洗足已，敷座而坐。

【第二 善現啟請分】

時，長老須菩提在大眾中即從座起，偏袒右肩，右膝著地，合掌恭敬而白佛言：「希有！世尊！如來善護念諸菩薩，善付囑諸菩薩。世尊！善男子、善女人，發阿耨多羅三藐三菩提心，應云何住？云何降伏其心？」

佛言：「善哉，善哉！須菩提！如汝所說：『如來善護念諸菩薩，善付囑諸菩薩。』汝今諦聽！當為汝說。善男子、善女人，發阿耨多羅三藐三菩提心，應如是住，如是降伏其心。」

「唯然。世尊！願樂欲聞。」

【第三　大乘正宗分】

佛告須菩提：「諸菩薩摩訶薩應如是降伏其心：『所有一切眾生之類，若卵生、若胎生、若濕生、若化生，若有色、若無色，若有想、若無想、若非有想非無想，我皆令入無餘涅槃而滅度之。』如是滅度無量無數無邊眾生，實無眾生得滅度者。何以故？須菩提！若菩薩有我相、人相、眾生相、壽者相，即非菩薩。

【第四　妙行無住分】

「復次，須菩提！菩薩於法，應無所住，行於布施，所謂不住色布施，不住聲、香、味、觸、法布施。須菩提！菩薩應如是布施，不住於相。何以故？若菩薩不住相布施，其福德不可思量。

「須菩提！於意云何？東方虛空可思量不？」

「不也，世尊！」

「須菩提！南西北方四維上下虛空可思量不？」

「不也，世尊！」

「須菩提！菩薩無住相布施，福德亦復如是不可思量。須菩提！菩薩但應如所教住。

【第五　如理實見分】

「須菩提！於意云何？可以身相見如來不？」

「不也，世尊！不可以身相得見如來。何以故？如來所說身相，即非身相。」

佛告須菩提：「凡所有相，皆是虛妄。若見諸相非相，即見如來。」

【第六　正信希有分】

須菩提白佛言：「世尊！頗有眾生，得聞如是言說章句，生實信不？」

佛告須菩提：「莫作是說。如來滅後，後五百歲，有持戒修福者，於此章句能生信心，以此為實，當知是人不於一佛二佛三四五佛而種善根，已於無量千萬佛所種諸善根，聞是章句，乃至一念生淨信者，須菩提！如來悉知悉見是諸眾生得如是無量福德。何以故？是諸眾生無復我相、人相、眾生相、壽者相。

「無法相，亦無非法相。何以故？是諸眾生若心取相，則為著我、人、眾生、壽者。

「若取法相，即著我、人、眾生、壽者。何以故？若取非法相，即著我、人、眾生、壽者，是故不應取法，不應取非法。以是義故，如來常說：『汝等比丘，知我說法，如筏喻者，法尚應捨，何況非法。』

【第七　無得無說分】

「須菩提！於意云何？如來得阿耨多羅三藐三菩提耶？如來有所說法耶？」

須菩提言：「如我解佛所說義，無有定法名阿耨多羅三藐三菩提，亦無有定法，如來可說。何以故？如來所說法，皆不可取、不可說、非法、非非法。所以者何？一切賢聖皆以無為法而有差別。」

【第八　依法出生分】

「須菩提！於意云何？若人滿三千大千世界七寶以用布施，是人所得福德，寧為多不？」

須菩提言：「甚多，世尊！何以故？是福德即非福德性，是故如來說福德多。」

「若復有人，於此經中受持，乃至四句偈等，為他人說，其福勝彼。何以故？須菩提！一切諸佛，及諸佛阿耨多羅三藐三菩提法，皆從此經出。須菩提！所謂佛法者，即非佛法。

【第九　一相無相分】

「須菩提！於意云何？須陀洹能作是念：『我得須陀洹果。』不？」

須菩提言：「不也，世尊！何以故？須陀洹名為入流，而無所入，不入色、聲、香、味、觸、法，是名須陀洹。」

「須菩提！於意云何？斯陀含能作是念：『我得斯陀含果。』不？」

須菩提言：「不也，世尊！何以故？斯陀含名一往來，而實無往來，是名斯陀含。」

「須菩提！於意云何？阿那含能作是念：『我得阿那含果。』不？」

須菩提言：「不也，世尊！何以故？阿那含名為不來，而實無不來，是故名阿那含。」

「須菩提！於意云何？阿羅漢能作是念：『我得阿羅漢道。』不？」

須菩提言：「不也，世尊！何以故？實無有法名阿羅漢。世尊！若阿羅漢作是念：『我得阿羅漢道。』，即為著我、人、眾生、壽者。世尊！佛說我得無諍三昧人中最為第一，是第一離欲阿羅漢。我不作是念：『我是離欲阿羅漢。』世尊！我若作是念：『我得阿羅漢道。』世尊則不說須菩提是樂阿蘭那行者。以須菩提實無所行，而名須菩提是樂阿蘭那行。」

【第十　莊嚴淨土分】

佛告須菩提：「於意云何？如來昔在然燈佛所，於法有所得不？」

「世尊！如來在然燈佛所，於法實無所得。」

「須菩提！於意云何？菩薩莊嚴佛土不？」

「不也，世尊！何以故？莊嚴佛土者，即非莊嚴，是名莊嚴。」

「是故須菩提，諸菩薩摩訶薩應如是生清淨心，不應住色生心，不應住聲、香、味、觸、法生心，應無所住而生其心。

「須菩提！譬如有人，身如須彌山王，於意云何？是身為大不？」

須菩提言：「甚大，世尊！何以故？佛說非身，是名大身。」

【第十一　無為福勝分】

「須菩提！如恆河中所有沙數，如是沙等恆河，於意云何？是諸恆河沙寧為多不？」

須菩提言：「甚多，世尊！但諸恆河尚多無數，何況其沙。」

「須菩提！我今實言告汝。若有善男子、善女人，以七寶滿爾所恆河沙數三千大千世界，以用布施，得福多不？」

須菩提言：「甚多，世尊！」

佛告須菩提：「若善男子、善女人，於此經中，乃至受持四句偈等，為他人說，而此福德勝前福德。

【第十二　尊重正教分】

「復次，須菩提！隨說是經，乃至四句偈等，當知此處，一切世間、天、人、阿修羅，皆應供養，如佛塔廟，何況有人盡能受持讀誦。須菩提！當知是人成就最上第一希有之法，若是經典所在之處，即為有佛，若尊重弟子。」

【第十三　如法受持分】

爾時，須菩提白佛言：「世尊！當何名此經？我等云何奉持？」

佛告須菩提：「是經名為『金剛般若波羅蜜』。以是名字，汝當奉持。所以者何？須菩提！佛說般若波羅蜜，則非般若波羅蜜，是名般若波羅蜜。須菩提！於意云何？如來有所說法不？」

須菩提白佛言：「世尊！如來無所說。」

「須菩提！於意云何？三千大千世界所有微塵是為多不？」

須菩提言：「甚多，世尊！」

「須菩提！諸微塵，如來說非微塵，是名微塵。如來說世界，非世界，是名世界。

「須菩提！於意云何？可以三十二相見如來不？」

「不也，世尊！不可以三十二相得見如來。何以故？如來說三十二相，即是非相，是名三十二相。」

「須菩提！若有善男子、善女人，以恆河沙等身命布施；若復有人，於此經中，乃至受持四句偈等，為他人說，其福甚多。」

【第十四　離相寂滅分】

爾時，須菩提聞說是經，深解義趣，涕淚悲泣，而白佛言：「希有！世尊！佛說如是甚深經典，我從昔來所得慧眼，未曾得聞如是之經。世尊！若復有人得聞是經，信心清淨，則生實相，當知是人成就第一希有功德。世尊！是實相者，則是非相，是故如來說名實相。世尊！我今得聞如是經典，信解受持不足為難，若當來世，後五百歲，其有眾生，得聞是經，信解受持，是人則為第一希有。何以故？此人無我相、人相、眾生相、壽者相。所以者何？我相即是非相，人相、眾生相、壽者相即是非相。何以故？離一切諸相，則名諸佛。」

佛告須菩提：「如是！如是！若復有人得聞是經，不驚、不怖、不畏，當知是人甚為希有。何以故？須菩提！如來說第一波羅蜜，非第一波羅蜜，是名第一波羅蜜。須菩提！忍辱波羅蜜，如來說非忍辱波羅蜜，是名忍辱波羅蜜。何以故？須菩提！如我昔為歌利王割截身體，我於爾時，無我相、無人相、無眾生相、無壽者相。何以故？我於往昔節節支解時，若有我相、人相、眾生相、壽者相，應生瞋恨。須菩提！又念過去於五百世作忍辱仙人，於爾所世，無我相、無人相、無眾生相、無壽者相。是故須菩提！菩薩應離一切相，發阿耨多羅三藐三菩提心，不應住色生心，不應住聲、香、味、觸、法生心，應生無所住心。若心有住，即為非住。是故佛說：『菩薩心不應住色布施。』

「須菩提！菩薩為利益一切眾生，應如是布施。如來說：『一切諸相，即是非相。』又說：『一切眾生，即非眾生。』

「須菩提！如來是真語者、實語者、如語者、不誑語者、不異語者。

「須菩提！如來所得法，此法無實無虛。須菩提！若菩薩心住於法而行布施，如人入闇，則無所見；若菩薩心不住法而行布施，如人有目，日光明照，見種種色。

「須菩提！當來之世，若有善男子、善女人，能於此經受持讀誦，則為如來以佛智慧，悉知是人，悉見是人，皆得成就無量無邊功德。

【第十五　持經功德分】

「須菩提！若有善男子、善女人，初日分以恆河沙等身布施，中日分復以恆河沙等身布施，後日分亦以恆河沙等身布施，如是無量百千萬億劫以身布施；若復有人聞此經典，信心不逆，其福勝彼，何況書寫、受持、讀誦、為人解說。

「須菩提！以要言之，是經有不可思議、不可稱量、無邊功德。如來為發大乘者說，為發最上乘者說。若有人能受持讀誦，廣為人說，如來悉知是人，悉見是人，皆得成就不可量、不可稱、無有邊、不可思議功德，如是人等，則為荷擔如來阿耨多羅三藐三菩提。何以故？須菩提！若樂小法者，著我見、人見、眾生見、壽者見，則於此經，不能聽受讀誦、為人解說。

「須菩提！在在處處，若有此經，一切世間天、人、阿修羅，所應供養；當知此處則為是塔，皆應恭敬，作禮圍繞，以諸華香而散其處。

【第十六　能淨業障分】

「復次，須菩提！善男子、善女人，受持讀誦此經，若為人輕賤，是人先世罪業，應墮惡道，以今世人輕賤故，先世罪業則為消滅，當得阿耨多羅三藐三菩提。

「須菩提！我念過去無量阿僧祇劫，於然燈佛前，得值八百四千萬億那由他諸佛，悉皆供養承事，無空過者；若復有人，於後末世，能受持讀誦此經，所得功德，於我所供養諸佛功德，百分不及一，千萬億分、乃至算數譬喻所不能及。

「須菩提！若善男子、善女人，於後末世，有受持讀誦此經，所得功德，我若具說者，或有人聞，心則狂亂，狐疑不信。須菩提！當知是經義不可思議，果報亦不可思議。」

【第十七　究竟無我分】

爾時，須菩提白佛言：「世尊！善男子、善女人，發阿耨多羅三藐三菩提心，云何應住？云何降伏其心？」

佛告須菩提：「善男子、善女人，發阿耨多羅三藐三菩提心者，當生如是心：

『我應滅度一切眾生。滅度一切眾生已，而無有一眾生實滅度者。』何以故？須菩提！若菩薩有我相、人相、眾生相、壽者相，則非菩薩。所以者何？須菩提！實無有法發阿耨多羅三藐三菩提心者。

「須菩提！於意云何？如來於然燈佛所，有法得阿耨多羅三藐三菩提不？」

「不也，世尊！如我解佛所說義，佛於然燈佛所，無有法得阿耨多羅三藐三菩提。」

佛言：「如是，如是。須菩提！實無有法，如來得阿耨多羅三藐三菩提。須菩提！若有法如來得阿耨多羅三藐三菩提者，然燈佛則不與我授記：『汝於來世，當得作佛，號釋迦牟尼。』以實無有法得阿耨多羅三藐三菩提，是故然燈佛與我授記，作是言：『汝於來世，當得作佛，號釋迦牟尼。』何以故？如來者，即諸法如義。

「若有人言：『如來得阿耨多羅三藐三菩提。』須菩提！實無有法，佛得阿耨多羅三藐三菩提。須菩提！如來所得阿耨多羅三藐三菩提，於是中無實無虛。是故如來說：『一切法皆是佛法。』須菩提！所言一切法者，即非一切法，是故名一切法。

「須菩提！譬如人身長大。」

須菩提言：「世尊！如來說人身長大，則為非大身，是名大身。」

「須菩提！菩薩亦如是。若作是言：『我當滅度無量眾生。』則不名菩薩。何以故？須菩提！實無有法名為菩薩。是故佛說：『一切法無我、無人、無眾生、無壽者。』須菩提！若菩薩作是言：『我當莊嚴佛土。』是不名菩薩。何以故？如來說莊嚴佛土者，即非莊嚴，是名莊嚴。須菩提！若菩薩通達無我法者，如來說名真是菩薩。

【第十八　一體同觀分】

「須菩提！於意云何？如來有肉眼不？」

「如是，世尊！如來有肉眼。」

「須菩提！於意云何？如來有天眼不？」

「如是，世尊！如來有天眼。」

「須菩提！於意云何？如來有慧眼不？」

「如是，世尊！如來有慧眼。」

「須菩提！於意云何？如來有法眼不？」

「如是，世尊！如來有法眼。」

「須菩提！於意云何？如來有佛眼不？」

「如是，世尊！如來有佛眼。」

「須菩提！於意云何？恆河中所有沙，佛說是沙不？」

「如是，世尊！如來說是沙。」

「須菩提！於意云何？如一恆河中所有沙，有如是等恆河，是諸恆河所有沙數佛世界，如是寧為多不？」

「甚多，世尊！」

佛告須菩提：「爾所國土中，所有眾生，若干種心，如來悉知。何以故？如來說諸心，皆為非心，是名為心。所以者何？須菩提！過去心不可得，現在心不可得，未來心不可得。

【第十九　法界通化分】

「須菩提！於意云何？若有人滿三千大千世界七寶以用布施，是人以是因緣，得福多不？」

「如是，世尊！此人以是因緣，得福甚多。」

「須菩提！若福德有實，如來不說得福德多；以福德無故，如來說得福德多。

【第二十　離色離相分】

「須菩提！於意云何？佛可以具足色身見不？」

「不也，世尊！如來不應以具足色身見。何以故？如來說具足色身，即非具足色身，是名具足色身。」

「須菩提！於意云何？如來可以具足諸相見不？」

「不也，世尊！如來不應以具足諸相見。何以故？如來說諸相具足，即非具足，是名諸相具足。」

【第二十一 非說所說分】

「須菩提！汝勿謂如來作是念：『我當有所說法。』莫作是念，何以故？若人言：『如來有所說法。』即為謗佛，不能解我所說故。須菩提！說法者，無法可說，是名說法。」

爾時，慧命須菩提白佛言：「世尊！頗有眾生，於未來世，聞說是法，生信心不？」

佛言：「須菩提！彼非眾生，非不眾生。何以故？須菩提！眾生、眾生者，如來說非眾生，是名眾生。」

【第二十二 無法可得分】

須菩提白佛言：「世尊！佛得阿耨多羅三藐三菩提，為無所得耶？」

「如是，如是！須菩提！我於阿耨多羅三藐三菩提乃至無有少法可得，是名阿耨多羅三藐三菩提。」

【第二十三　淨心行善分】

「復次，須菩提！是法平等，無有高下，是名阿耨多羅三藐三菩提；以無我、無人、無眾生、無壽者，修一切善法，則得阿耨多羅三藐三菩提。須菩提！所言善法者，如來說非善法，是名善法。

【第二十四　福智無比分】

「須菩提！若三千大千世界中所有諸須彌山王，如是等七寶聚，有人持用布施；若人以此《般若波羅蜜經》，乃至四句偈等，受持讀誦、為他人說，於前福德百分不及一，百千萬億分，乃至算數譬喻所不能及。

【第二十五　化無所化分】

「須菩提！於意云何？汝等勿謂如來作是念：『我當度眾生。』須菩提！莫作是念。何以故？實無有眾生如來度者，若有眾生如來度者，如來則有我、人、眾生、壽者。須菩提！如來說：『有我者，則非有我，而凡夫之人以為有我。』須菩提！凡夫者，如來說則非凡夫。」

【第二十六　法身非相分】

「須菩提！於意云何？可以三十二相觀如來不？」

須菩提言：「如是！如是！以三十二相觀如來。」

佛言：「須菩提！若以三十二相觀如來者，轉輪聖王則是如來。」

須菩提白佛言：「世尊！如我解佛所說義，不應以三十二相觀如來。」

爾時，世尊而說偈言：

若以色見我，以音聲求我，

是人行邪道，不能見如來。

【第二十七　無斷無滅分】

「須菩提！汝若作是念：『如來不以具足相故，得阿耨多羅三藐三菩提。』須菩提！莫作是念。如來不以具足相故，得阿耨多羅三藐三菩提。

「須菩提！汝若作是念：『發阿耨多羅三藐三菩提者，說諸法斷滅相。』莫作是念。何以故？發阿耨多羅三藐三菩提心者，於法不說斷滅相。

【第二十八　不受不貪分】

「須菩提！若菩薩以滿恆河沙等世界七寶布施；若復有人知一切法無我，得成於忍，此菩薩勝前菩薩所得功德。何以故？須菩提！以諸菩薩不受福德故。」

須菩提白佛言：「世尊！云何菩薩不受福德？」

「須菩提！菩薩所作福德，不應貪著，是故說不受福德。

【第二十九　威儀寂靜分】

「須菩提！若有人言：『如來若來若去、若坐若臥。』是人不解我所說義。何以故？如來者，無所從來，亦無所去，故名如來。

【第三十　一合理相分】

「須菩提！若善男子、善女人，以三千大千世界碎為微塵，於意云何？是微塵眾寧為多不？」

「甚多，世尊！何以故？若是微塵眾實有者，佛則不說是微塵眾。所以者何？佛說微塵眾，則非微塵眾，是名微塵眾。世尊！如來所說三千大千世界，則非世界，是名世界。何以故？若世界實有者，則是一合相。如來說一合相，則非一合相，是名一合相。」

「須菩提！一合相者，則是不可說，但凡夫之人貪著其事。

【第三十一　知見不生分】

「須菩提！若人言：『佛說我見、人見、眾生見、壽者見。』須菩提！於意云何？是人解我所說義不？」

「世尊！是人不解如來所說義。何以故？世尊說我見、人見、眾生見、壽者見，即非我見、人見、眾生見、壽者見，是名我見、人見、眾生見、壽者見。」

「須菩提！發阿耨多羅三藐三菩提心者，於一切法，應如是知，如是見，如是信解，不生法相。須菩提！所言法相者，如來說即非法相，是名法相。

【第三十二　應化非真分】

「須菩提！若有人以滿無量阿僧祇世界七寶持用布施，若有善男子、善女人，發菩提心者，持於此經，乃至四句偈等，受持讀誦，為人演說，其福勝彼。云何為人演說？不取於相，如如不動。何以故？

一切有為法，如夢幻泡影，
如露亦如電，應作如是觀。

佛說是經已，長老須菩提及諸比丘、比丘尼、優婆塞、優婆夷，一切世間天、人、阿修羅，聞佛所說，皆大歡喜，信受奉行。

國家圖書館出版品預行編目 (CIP) 資料

超越「二」的智慧：<< 金剛經 >> 探微 / 濟群法師著．
-- 初版．-- 臺北市：商周出版：家庭傳媒城邦分公
司發行，2020.06
面；　公分
ISBN 978-986-477-849-2(平裝)

1. 般若部

221.44　　109006844

超越「二」的智慧：《金剛經》探微

著　　者　濟群法師
責任編輯　徐藍萍

版　　權　黃淑敏、吳亭儀、翁靜如
行銷業務　莊英傑、王瑜、周佑潔
總 編 輯　徐藍萍
總 經 理　彭之琬
事業群總經理　黃淑貞
發 行 人　何飛鵬
法律顧問　元禾法律事務所 王子文律師
出　　版　商周出版　台北市 104 民生東路二段 141 號 9 樓
電話：(02) 25007008　傳真：(02)25007759
E-mail：ct-bwp@cite.com.tw　Blog：http://bwp25007008.pixnet.net/blog
發　　行　英屬蓋曼群島商家庭傳媒股份有限公司城邦分公司
台北市中山區民生東路二段 141 號 2 樓
書虫客服服務專線：02-25007718　02-25007719
24 小時傳真服務：02-25001990　02-25001991
服務時間：週一至週五 9:30-12:00　13:30-17:00
劃撥帳號：19863813　戶名：書虫股份有限公司
讀者服務信箱 E-mail：service@readingclub.com.tw
香港發行所　城邦（香港）出版集團有限公司　香港灣仔駱克道 193 號東超商業中心 1 樓
E-mail: hkcite@biznetvigator.com　電話：(852)25086231　傳真：(852)25789337
馬新發行所　城邦（馬新）出版集團 Cite (M) Sdn Bhd
41, Jalan Radin Anum, Bandar Baru Sri Petaling, 57000 Kuala Lumpur, Malaysia.
Tel: (603) 90578822　Fax: (603) 90576622　Email: cite@cite.com.my

封面設計　李東記
印　　刷　卡樂彩色製版印刷有限公司
總 經 銷　聯合發行股份有限公司　新北市 231 新店區寶橋路 235 巷 6 弄 6 號 2 樓
電話：(02) 2917-8022　傳真：(02) 2911-0053

■2020 年 5 月 28 日初版
定價 350 元

城邦讀書花園
www.cite.com.tw

Printed in Taiwan

　ISBN 978-986-477-849-2